U0527253

穿越蒙古国 CYCLING INTO GREAT MONGOLIA 亚洲 3 部曲

亚洲3部曲

郭建龙
— 著 —

穿越蒙古国

CYCLING
INTO
GREAT
MONGOLIA

当代世界出版社
THE CONTEMPORARY WORLD PRESS

张家口北面的野狐岭。这里是中原和游牧民族的天然分界线。

中国北方的蒙古包。

元大都遗址。

那达慕节蒙古穿着各式服装的人们。

蒙古的国徽标志。由扎纳巴扎尔活佛创造。

苏赫巴托广场正面的成吉思汗大厅。

在成吉思汗雕像前演奏的蒙古音乐家。

彩虹下的乌兰巴托。

蒙古山口的建筑和敖包。出乌兰巴托的第一个山口。

汽车驶向那座从天而降的城市。这座城市只存在两天就会消失得无影无踪。

参加射箭比赛的蒙古骑士们。

拉尚特近景。

蒙古草原和遍地牛羊。

尔德尼昭寺院内的空旷地。这里曾经耸立众多的寺庙，如今却只剩大片的空地。

元上都的大殿遗址。忽必烈就在这里招待马可·波罗。

大殿上眺望元上都的全貌。这个中国的中心如今只剩下一片绿。

一户蒙古人的财产。两个蒙古包，几辆摩托，一辆轿车，以及大批的牲口。

乌里雅苏台谷地。中间最空旷的地方就是清代古城的所在，现已经荡然无存。

乌里雅苏台西面的古城遗址。可能是最早乌里雅苏台城所在地。

云下吉尔吉斯湖的色带。

老人给我讲解吉尔吉斯湖的历史。这里似乎有一个女神的像，但我却浑然不察。

乌兰固木，乌布苏省的省会。这个省的大部分土地都坐落在巨大的乌布苏湖盆之中。

哈尔黑拉雪山脚下的蒙古包。

初见乌瑞格湖。湖的周围是一圈海拔三千米的山峰。

游牧民族的墓葬系统。两千多年前，这个湖盆里就有过一强大的游牧部落。

夸特湖的水鸟。

司新疆绿洲地貌一般的科布多河谷。

陶乐包湖和雪山。

陶乐包小城。

科布多石碑。向下就是科布多城所在的盆地。

清朝堡垒遗址。科布多是清朝最后一个失守的城市。兵营今只剩下了外围城墙的残垣断壁。

科布多市内的剧院。

科布多市政府。在楼前耸立的就是噶尔丹的雕像。

目 录

序言　探寻蒙古帝国的影子 – 001
引子　去往蒙古国的旅行 – 009

第一部　游牧摇篮的雨季

第一章　又一次疯狂 – 016
第二章　进入异域 – 028
第三章　从天而降的汽车城 – 038
第四章　哈拉和林之殇 – 056

第二部　沙漠中的跋涉

第五章　乌里雅苏台 – 082
第六章　沙漠之湖 – 108

第三部　雪山下的西征

第七章　游牧女王的两千年守护 – 130
第八章　阿尔泰冰峰 – 158
第九章　最后的旅程 – 167

尾　声

回归现代 – 191

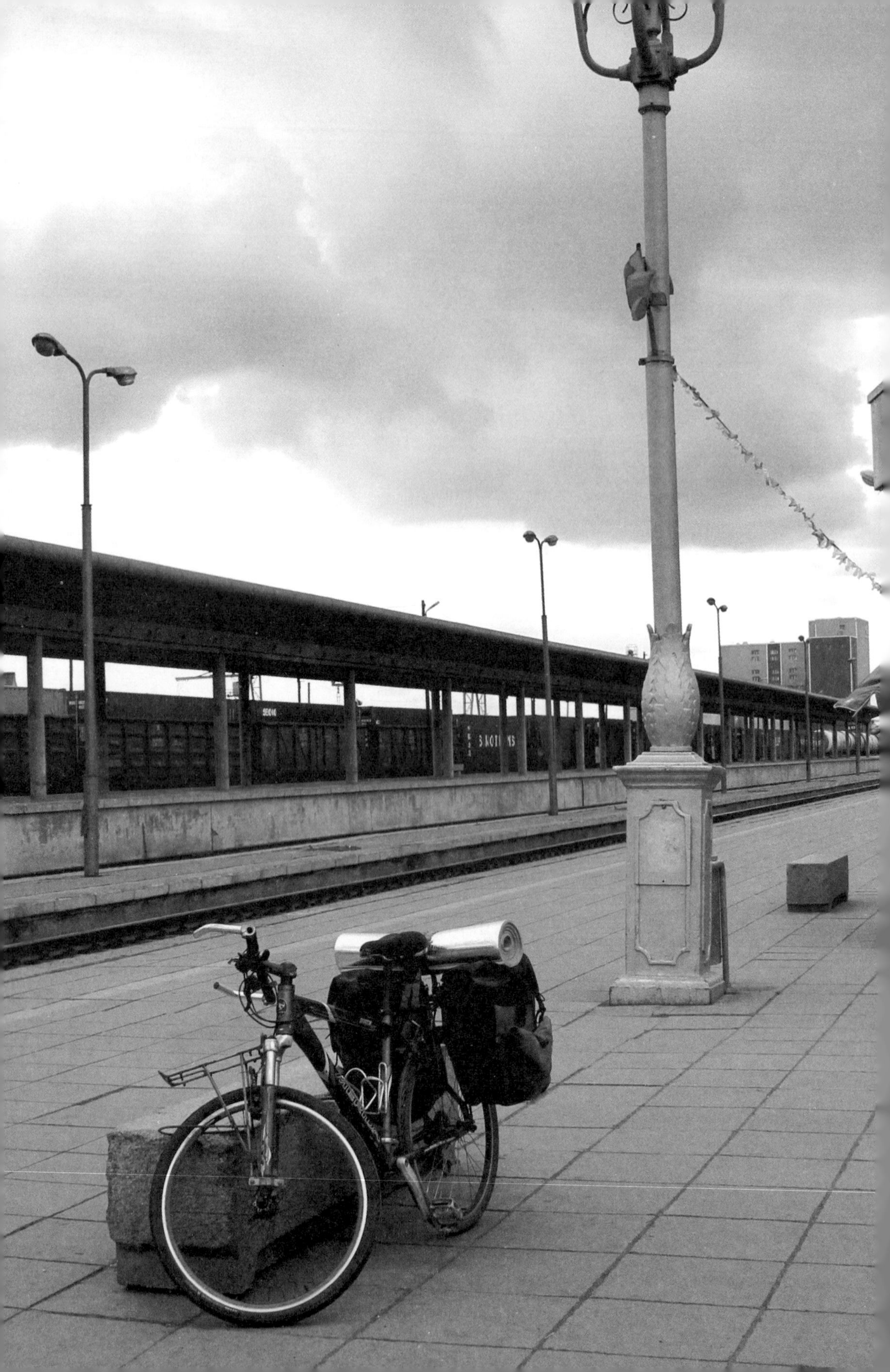

序言

探寻蒙古帝国的影子

我现在居住的大理是一个气候宜人的度假胜地。如果不出疫情，这里必定游客如织，他们或发呆于地中海风情的酒店，或出没于新创品牌的老字号餐馆，或购买着当地人都没有见过的特色商品。但这里真正的古迹却往往少人问津，它们都存在于游客的路线之外。

根据我的总结，大理最重要的古迹是两城、两碑、两冢。

所谓两城，一是古羊苴咩城，这座城市建于唐代的南诏中期，是南诏后期和大理时期的都城，也就是现在游客常去的大理古城的前身；还有一座城是南诏早期的都城太和城，位于现在的新市区和古城中间，已是一片埋在地下的废墟。

所谓两冢，指的是唐代天宝年间唐军攻打南诏失败后，南诏将大唐将士的尸体堆叠起来形成的巨冢。这样的群体墓葬有两处，分别称为千人冢和万人冢。大理的地势千年不变，在民族的记忆中依然残存着那场一千多年前的战争。唐军将士从东南方进入洱海盆地，之后受阻于西洱河，最后被歼灭于河边不远处的沼泽之中。那片沼泽变成了现在的天宝街一带的平地，万人冢就竖立在那里。

所谓两碑，一是南诏国王纪念天宝战争的石碑，竖立在太和城，讲述了与唐朝作战的迫不得已；而第二块，就是在古城外苍山脚下的元世祖平云南碑，这是蒙古人在大理的痕迹。

虽然唐朝进攻大理失败了，但蒙古人却跨越

了数千公里南下跃进，以一种天兵天将的方式拿下了大理，这一切都记载在那块石碑之中。事实上，大理关于蒙古人的记忆不仅仅在于这块碑，在大理下属的凤仪镇（位于古代进入大理的主干道上），曾经有一个小土丘，在民族记忆中，这里是忽必烈当年拴马的地方。这个土丘在民国时期还屡次被记录，直到最近才由于地貌的变化而不再被提及。在高高的苍山顶上，有一个不知从何年就存在的古代水利工程。人们在顶部建堤坝围成了一个小型的湖泊，再引湖泊中水下山灌溉，这个工程曾经被称为高河（也叫冯河）。但自从蒙古人来后，这里就被传说成是元世祖进攻大理洗马的地方，因此后来被改名为洗马潭。

人们会问，大理城在苍山脚下海拔 2000 米的地方，而洗马潭却在山顶上近 4000 米处，元世祖怎么可能带着他的马爬到山顶上来洗马，进攻大理也不用爬到山顶上啊？这样的质疑是有道理的，但我们要看到传说中也有合理的成分，那就是：蒙古人为了进攻大理，还真的翻越了巨大的苍山顶部。其原因是，大理城在其他三面的防守都很严密，而第四面（西面）就是巨大的苍山。这样的地形基本上是不可能攻克的，这也是唐军失败的原因，而蒙古人为了避免唐军的命运，硬是不信邪地从西面翻越了苍山，避开了其他三面的防守，将大理城拿下。

我搬到大理，是在写完《穿越蒙古国》之后，因此，这里写下的一切细节都无法反映在书中。但是这些年来，不仅仅是在大理，甚至不管我走到哪里，似乎都能看到一些蒙古人存在的痕迹。大理所在的云南受到了蒙古人的影响，比如，云南现在还有一部分蒙古人居住，他们就是当年征服者的后裔；在云南，还有众多回族人存在，大理最干净的餐馆和最好吃的糕点，往往是回族人的，这些回族人就是跟随蒙古人到云南的色目人的后代。在大理苍山脚下，还有着另一处不那么著名的万人冢，它是清代的回民起义留下的，我们可以看出回民在云南扎根过程有多艰苦。

而在我老家山东，元代的大运河穿城而过，提醒着人们，蒙古人不仅善于打仗，还是水利天才。郑州 2021 年发大水的贾鲁河，也是元代兴修的，至今依然有河段在使用。

蒙古人不仅存在于史书之中，事实上，他们对现代中国的影响之大已经超出了我们的认知。写完印度和东南亚后，我的下一个目标就是蒙古国，我想去看一看那里的前世今生，当然，我也决定选择一个特殊的方式去了解，于是就有了这本骑着自行车走过成吉思汗西征路的"穿越之书"。

无处不在的蒙古记忆

不管是在写作本书之前还是之后，我都在不断地与蒙古帝国和元朝打交道。2002年，我利用长假，独自坐飞机从北京前往乌鲁木齐，又经过了数次转车，前往北疆清河县的三道海子，去查看被发现不久的一座超大型石冢，因为那可能是蒙古大汗中唯一被发现的陵墓，据称贵由汗去世的横相乙儿就在附近。但后来的研究表明，那是更加久远的游牧民族留下的。我在蒙古境内也看到了许多类似的规模较小的墓葬。这一切都记录在了我的书中。

而在前往蒙古国之前，在我去往中国西藏、印度、缅甸、泰国、越南的旅行途中，关于蒙古人的记载和传说总是不时出现，这一切，我也都记录在书中。

《穿越蒙古国》是我在写作中感到最轻松的一本书，由于时间久远，我无法记清它的资料和行程准备花了多久，但从上路之后，我只用了一个多月就完成了旅程。等安顿下来后，我在广州只花了一个多月就一气呵成写完了稿子。我写作有一个毛病，就是写长篇时只要没有结束，就放不下睡不好，这个毛病第一次犯就是在写这本书时。

在书的最后，我写道："我所经历的蒙古，也和其余人的经历一样，沉淀为微不足道的历史的一部分，退入了永恒的时光中。"但这句话并没有实现，之后我并没有把蒙古人清除出脑子，相反越来越频繁地和蒙古人邂逅。

《穿越蒙古国》出版之后，我去了中东和中亚，在这里，蒙古人的影子继续跟随着我。到达阿富汗在机场换钱时，我一抬头发现了一个"中国人"。

我立刻用汉语和他打招呼，但对方却不会汉语。我这才意识到，他是我遇到的第一个哈扎拉人。哈扎拉人是阿富汗的第三大民族，有蒙古人的血统，与中国人的相貌几无二致。他们居住的主要地点，就是那两座巨大的立佛所在的巴米扬谷地。而在蒙古人第一次西征中，巴米扬被成吉思汗屠城（本书中有记载），原住民可能从此灭绝。随后，在巴米扬出现了哈扎拉人。因此我推测，这里可能和云南一样，有着一支蒙古驻军，并留下了后代。

在整个呼罗珊（伊朗、阿富汗、土库曼斯坦交界）地区，都有着很强烈的蒙古人存在感。阿富汗北部的大城市马扎里沙里夫的得以崛起，缘于旁边更加古老的巴尔赫的消失，这座古城曾经被认为是世界最古老的城市之一。而巴尔赫的消失就是蒙古人干的。在伊朗西部的大城市马什哈德，也是因为同样的原因取代了不远处的尼沙卜尔，土库曼斯坦的马雷取代了丝路名城木鹿。尼沙卜尔和木鹿都是世界级的丝路名城，但蒙古人到来后，都变成了一片荒丘。

在阿富汗首都喀布尔，还有一个更加重要的人的墓葬，那就是著名的莫卧儿帝国的开创者巴布尔。莫卧儿其实就是当地人对蒙古的称呼，而巴布尔的父系是突厥人帖木儿，母系就是成吉思汗后代的察合台支系。作为混血，他认为自己是蒙古人。虽然经过多次战乱，但巴布尔的墓葬并没有被完全破坏，至今依然保存在喀布尔。中亚人将他提到"三大征服者"的地位，仅次于成吉思汗和帖木儿。

中亚古城、乌兹别克斯坦第二大城市撒马尔罕的城外是一大片废墟，那里曾经是成吉思汗毁灭之前的城市所在。而新城区的建设，应该归功于蒙古人的察合台汗国，但是它的大规模建设却发生在帖木儿时期。帖木儿虽然是突厥人，但他更加愿意显示的身份，那就是成吉思汗黄金家族的女婿。所有的征服者必须以成吉思汗的名义，才有可能获得足够的尊重，哪怕他贵如帖木儿或巴布尔。

在伊朗西北部的苏丹尼耶，有一座巨大的陵墓，它是蒙古人黄金时代仅有的汗级大墓，属于伊尔汗国（波斯汗国）的第八位君主完者都。这座陵墓已经采用了伊斯兰样式，有着巨大的蓝色穹顶，在阳光的映衬下让几百年后的人们都能体会到汗国的威严，它比后来中亚的帖木儿陵墓、印度的泰姬陵都要早得多。而这座墓葬的存在，不仅告诉我们蒙古人在他的时代已经融入了当地，变成了穆斯林，还告诉我们，蒙古帝国当初的边界有多宽广。

这里只是追寻了一小部分，但事实上，我遇到的与蒙古人有关的场景还有很多，在未来也必然还会遇到，但这些都无法反映在这本书里。不过，它们会出现在我现在正在写作的另一本书中，以及未来还会写作的其他书里。总之，研究蒙古人已经成了我的兴趣，我会将这份热情持续下去。

探寻蒙古人的军事战略

除了"亚洲三部曲""穿越三部曲"等游记类作品之外，我还写作了"帝国密码三部曲"等从专题角度看历史的书，其中有一本写的是中国历史上的战争，这其中自然也少不了蒙古人的战争。

在我写作《穿越蒙古国》的时候，更多是从事件本身来叙述蒙古人的征服史，而当后来写作《中央帝国的军事密码》时，又从头梳理了蒙古的军事能力，感受到了蒙古人战争艺术的完美。在这里，我不妨与读者分享一项蒙古人的作战战略。

蒙古人作战的主要战略，我们可以称为迂回战略。现在的孩子们玩战争游戏，都知道说一句：走，去包抄他们的后路！但在实际的战争中，要做到这一点却是非常困难的。蒙古人的战争遵循了几个原则：

第一，蒙古人作战从来不只用一路人马，他们一定是几路并进的，如果你看到了一路蒙古兵，应该立刻想到，在其他地方还有更多的蒙古军队正在进攻；

第二，在几路大军中，主力和策应军队的区分并不明显，谁取得了突破，谁就是主力，由于蒙古军队的强悍，每一路大军都可以形成致命性打击；

第三，统帅只给几路大军设立目标，不去干涉他们的具体执行，最后的评估只看结果；

第四，虽然最初几路大军的阶段性目标是不同的，但最后必然合围主要目标。

打个比方，这就像是一个强大的创业团队，总经理给各个团队下达目标，却不干预他们的操作，只看最后的结果。

为了展示这个战略，我们可以看书中的一个例子。在蒙古人的第一次西征中，为了进攻撒马尔罕，他们派出了四路大军：一路向北，一路向南，一路进攻东部的目标，而成吉思汗本人则率军绕到了撒马尔罕以西，首先进攻另一座城市布哈拉。这四路大军分布在数百公里的战线上，每一支都饱含作战欲望，全都完成任务后，撒马尔罕已经无法逃脱蒙古人的掌心了。

在本书的内容之外，我还想再举一例，就是蒙古人千里驰骋进攻大理。他们从甘肃西部出发，翻越千山万水，进攻位于云南西部的大理。这本来就是一个难以想象的使命，但是，蒙古人竟然也派出了三路大军，他们分别沿着不同的路线南下。到达大理后，已经是合围之势了。即便已经合围，蒙古人依然不满足于传统的进攻线路，而是从最不可能的方向翻越苍山直下，导致大理君臣的心理防线彻底崩溃。

蒙古人进攻大理已经令人感到不可思议，但这还不是他们的"极致"。事实上，进攻大理只是进攻南宋的更大计划的一部分，为了进攻南宋，蒙古人的大迂回策略更是在长达几千公里的战线上设立了五条进攻线路。

在中国历史上，一旦出现了南北分裂，那么南方国家和北方国家的作战线路往往只有三条，一条从陕西经过蜀道进攻四川，一条从河南西部的南阳进攻襄阳，而最后一条从淮河下游进攻长江下游。由于地理原因，南北之间适合行军作战的只有这三条路，所谓顶级的战略家（如诸葛亮），也只能在这三条战线上做文章。

但是，到了蒙古人时期，他们却并不满足于这三条线路，而是在进攻大理之后，硬生生又从南方开辟了两条线路：一条沿金沙江从云南进攻重庆，另一条从云南绕到广西,沿着湘江进攻湖南。一个北方游牧民族为了进攻南方的南宋,竟然绕到了更南方,从而发起了包围式的进攻。这一点,再大胆的军事家恐怕也意料不到。

写作风格及其他

在写作风格上,《穿越蒙古国》一书的写作又与《印度,漂浮的次大陆》和《三千佛塔烟云下》不同,它更注重自我表达,用游记的方式贯穿始终,这本书可以说是最"彰显自我"的一本。但为了加入足够的知识,我又延伸出另一个完全独立的线条去写历史,并与现实相对照,从而保证了本书的知识含量。在写完这本书之后,由于对蒙古依然很感兴趣,我又在《中央帝国的军事密码》中详细探讨了蒙古人的军事战略。目前在创作的还有一本关于元朝的非虚构历史作品,后面还想再创作一本虚构作品,可以说,蒙古在我的写作中一直是最关注的对象。

在本系列第一部《印度,漂浮的次大陆》序言中,我谈到了写作"亚洲三部曲"之前的游历,在这里,我不妨把写作这三部书之后的游历也做一个简单梳理,并对帮助过我的人表达感谢。

在写完《穿越蒙古国》后,一次机缘巧合让我爱上了大理,这里聚集了大量的作家、歌手、画家。这里没有外界的喧嚣,人们可以尽情地创作。

在大理待了几个月后,我就对新的旅程充满了渴望,这一次我想去的是中东。于是,在中东的见证成了我另一本书的素材,那就是《穿越百年中东》,由此我也开启了另一个系列"穿越三部曲"。写作《穿越百年中东》的同时,我的另一个写中国历史的三部曲"帝国密码三部曲"也在酝酿之中,最先创作的是《中央帝国的财政密码》。正是《穿越百年中东》和《中央帝国的财政密码》让我获得了早期的关注度。

我依然记得《穿越百年中东》刚刚出版,一天,朋友突然告诉我,新东方的俞敏洪推荐了我的书。我不知道他通过什么途径得到的书,只知道他之后接二连三地将我写的书一一做了推广,包括"亚洲三部曲"。

俞敏洪超强的阅读能力（范围之广、速度之快）令人感到惊讶，更难得的是，他从来不在乎一个作者的名气，只注重书的内容，这对于一个已经被视为成功人士的人来说尤其难得。

在中国，一直有一些企业承担着理想主义者大本营的角色。比如，我曾经就职过的《21世纪经济报道》，这家当时全国著名的财经类日报在招人时是没有门槛的。在这里，只要一个人表现出足够的理想和一定的能力，就有可能获得见习的资格。我作为毫无文字背景的程序员被这份报纸接纳，与此同时，这里还有着体育生、医生、消防员等各种职业的人，都获得了证明自己的机会。当然这里也有着丛林法则式的淘汰制度。

新东方是我见到的另一个理想主义者的大本营，我不想去谈那些人们熟知的人物，只想说两位我的朋友。我曾经提到的一位画家女孩，由于喜欢作画很早就辍学了，连高中学历都没有，但她却成了新东方的名师，因为在流浪的过程中，她掌握了一口流利的英语口语。而我的另一位朋友由于口才好，也在毫无背景的情况下入职了新东方。两位朋友的经历让我理解，这是一个给理想主义者留下大量机会的公司，他们并不在意资历，他们在意的只是你的激情和创造力，这是一个人能够做好工作的重要前提。

正因为这样，俞敏洪推荐我的书，我并不感到惊讶，却又感激终生。

游历中东之后，我去往中亚，并写出了《穿越劫后中亚》，在中亚地区我依然邂逅了大量蒙古人及其遗迹，也算是对《穿越蒙古国》一书的后续补充。在阿富汗，我遭遇了人生中最大的危险，付出了流血的代价却安然无恙，也算是一种幸运吧。

去往蒙古国的旅行

引子

到达蒙古国的第一天,我就策划了一次"抢劫"。

那一天恰逢蒙古国最大的节日——那达慕节。那达慕是蒙古国的春节,同时也是竞技的日子,蒙古国各地纷纷举行体育大会,各路健儿在摔跤、射箭、赛马的场地上一争高下。

当北京至乌兰巴托的火车拖着长长的尾巴,在进站前做最后的减速时,我看到了铁路两旁那些穿着盛装的蒙古人。从乌兰巴托城内去往那达慕体育馆要横穿铁路,交叉路口聚集了不少穿着民族服装的人,大人悠闲地拉扯着孩子,孩子手里拿着气球、肉串、棒棒糖、饮料。处处洋溢着微笑和从容,迎接着这一年中最美好季节里最快乐的时光。

而下了火车的我,却决定在这个好日子进行一次"抢劫"。

我的"抢劫"目标是车站的行李库房。但说实话,刚下车时我甚至连行李房在哪儿都不知道,只能询问车站的一位警察。身材魁梧、略带肥胖的警察显得非常友好,他会一点英语,可以用单词和手势与我交流,通过他的指点我确定了库房的位置。那是一栋巨大的苏式仓库,里面堆放着从北京、莫斯科及蒙古国各地往乌兰巴托托运的货物。不过仓库的大门紧闭,还上了锁。

"再过一会儿,下午两点时,库房就开门了。"胖警察离开前告诉我。那时,送货车会把我乘坐的列车拉来的行李存放进去。

大约两点半时,我的"抢劫"行动正式开始。在这之前,我和仓库的记账员说了一会儿话,记账员是位漂亮的蒙古国姑娘,是我见过的蒙古人中最美的,能说一口流利的英语,她的办公室在仓库旁的一个小窗口里。我们说话的时候,一位身材不高、体格瘦弱的仓库保管员打开了大门,又转身走到外面指挥着把货物搬进来。

我知道机不可失,连忙撇开了姑娘,冲进了仓库。这里面堆满了各式各样的物品,有从中国运过来的苹果和西瓜,还有从俄罗斯运过来的各色食品,各种建筑材料、铁丝、布匹,应有尽有,我仿佛回到了几百年前的一个大货栈。

我的目光快速扫过这些乱七八糟的东西,最后锁定在一辆自行车上。这辆红色的美利达被改装过,前把上焊着一个铁制的前货架,后货架也用铁条加固过,一看就是为长途骑行准备的。在自行车之上,压着一堆白色的木条和几捆铁丝。我冲向自行车,费力地把木条和铁丝推翻在一旁,把车子扶起来,扛着车穿过众多障碍,向着大门口走去。

记账员姑娘反应了过来,她冲到门口试图阻拦我。

"你不能这样,你不能拿走!"她急切地说。

"让开,不关你的事儿,让我跟保管员去说。"我粗鲁地对她说,继续推车向外走去。走到门口时我停顿了一下,从裤兜里拿出钱包,从里面掏出了20元人民币。由于还没有来得及换蒙古国货币,我只能使用人民币了。

对,我不仅要"抢劫",还要行贿,这下所有的罪恶都全了。

在外面的仓库保管员听见了姑娘的呼叫,已经折身朝我冲了过来。他死死拖住自行车不让我走。我把钱递了过去,他一把把钱推开了。

"Please,"我故作哀求说,"让我把车拿走吧!"

但他听不懂。我也听不懂他说什么,只能看出他的脸色很难看,似乎是威胁要把我抓起来。也许他嫌钱少,我想,于是连忙拿出钱包,准备抽出一张粉红色的"毛爷爷"。

不过一切都晚了,这小子在慌乱中已经摸出了手机,边拉住我的车边拨通了电话——他报警了!

就这样,我制造了一桩"抢劫"案。也许过一会儿,电视里面经常上演的剧情就会发生：警车呼啸而至，从上面下来荷枪实弹的警察，而我作为"抢劫犯"在劫难逃。

这就是不幸的我在蒙古遭遇的第一件事。

容我解释一下事情的原委：那辆自行车是我的，我在"抢"自己的东西。

在乘坐火车的前两天，我从北京把自行车发往乌兰巴托，指望下车后直接提取，开始我穿越时空的骑行之旅。

然而事与愿违，下车后我却被告知，由于那达慕节，整个蒙古国都在放假，我无法提取自行车。由于各地的火车还会继续把货物拉来，仓库保管员和记账员会照旧入库，却不办理提货手续。下面就是我和记账员姑娘的对话片段。

"也就是说，我的自行车就在仓库里，我却只能站在外面，不能带走它？"我心有不甘地问道。

"对，你今天拿不走它。"姑娘礼貌地说着，她甚至面带微笑，火车站是蒙古国的窗口，她要给外国人留下好印象。

"可是，你和保管员都在呀，我的票据也都在，难道我不能把货票给你们，把车带走吗？"

"不行，今天不办理。"她生怕我不明白，又给我讲了一遍那达慕大会放假的事。

"可是……车就在这儿呀，为什么……"

"因为海关，"她又解释说，"除了把货票给我们之外，你还要办货物的通关手续，而我不知道海关的人上不上班。"

我摊开了手，仿佛认命了。既然今天拿不出来，也许明天就行了。"那我什么时候来拿？"我随口问了一句。

姑娘回头望了望墙上的日历，又用计算器比画了几下，才告诉我："第四天的时候，也就是14号。"

她的回答让我绝望了：这次骑行我已经准备了两个月，签证的停留期却只有一个月，我计划的路程至少有2000多公里……可是为了自行车，我却要在乌兰巴托无所事事地待上四天。这样的浪费我承受不起，在路上，我已经把行程演练了千百遍，没想到这一切在第一天就卡了壳。

"请你帮我想想办法吧。"我把自己的困境告诉姑娘。我的心里已经暗暗在诅咒，不应该在那达慕节的当天赶到蒙古国。实际上，在买火车票时我根本不知道当天是节日。后来意识到的时候，我还以为自己很幸运，赶上了最热闹的一天，却不料节日带给我的却是不幸。

姑娘如同外国人一样耸了耸肩：她很同情我，却无能为力。

就是在这种情况下，我决定实施了"抢劫"。人高马大的警察赶到了。

不过，暂且不表警察的到来，在我还拥有自由的时候，我要把到蒙古国来的计划叙述一下。我计划进行一次通往游牧帝国之旅。

在欧亚大陆上，有一块最神秘的土地，这儿是最著名的民族制造机，在历史上，各种各样奇怪的民族就如同沙尘暴一样从这里发源，走向世界。在这些民族中，影响最大的自然是蒙古人。除了蒙古人，还包括最早的斯基泰人（Scythians），后来的匈奴人、柔然人、突厥人、回鹘人、吉尔吉斯人、契丹人等。这些人种仿佛是从黑暗丛林里冒出来的，之前无声无息，却突然从迷雾中脱颖而出，开始了征服世界的步伐。

对于定居民族而言，游牧民族就是他们的噩梦。以蒙古人为例，也许欧洲的定居人在一年前还从来没有听说过这些"疯狂原始人"，但一年后，这群邋邋遢遢的矮个子骑着马儿已经出现在他们的城门下，再过一个月，整个城市已经不存在了。人们连震惊都没有来得及，就成了牺牲品。那些没有被征服的邻近国度突然间休克了，正在不知所措时，蒙古人骑上他们的马又突然间消失得无影无踪，只留下了成片的废墟和遍地的尸骨，提醒人们这不是做梦。幸存者战战兢兢等待着下一次打击的到来，这一等就是十几年，当恐怖的记忆已经逐渐淡去，灾难后出生的孩子们刚刚成年，蒙古人骑着马赶着车又回来了……

游牧部落的打击就这样一次又一次地冲击着文明，又重塑着欧亚大陆，而这一切都和那片广袤的土地有关。如果世界失去了蒙古草原，就失去了最刺激的色彩。也正是因为有了蒙古草原，那些游牧民族才得以遁形，让历史学家挠破头皮也想不出这片土地怎么能制造出这么多不同的民族。他们是从石头缝里蹦出来的，还是从水里爬出来的？

如今的游牧民族对于文明的威胁已经远去，但这片土地的神秘感却始终保留着。当年可汗们发迹之前生活的地方是什么样？他们又如何摆脱狭隘的眼界，跨越千山万水义无反顾地向整个世界扩散？为什么文明谱系中排位靠后的民族却能征服先进的，却又最早把"全球贸易一体化"这个最先进的观念强加给世界？

这就是我去蒙古国想了解的内容。

我一直以为，如果要了解一个国家一个民族，最佳方式就是学会像当地人一样生活。不过可惜的是，我无法像蒙古人一样骑在马背上游览整个国度，只能退而求其次，利用自行车穿越那数千公里的广袤土地。自行车可以体会整个路途的遥远和艰辛，又不得不承受日晒雨淋，最接近当年游牧民族的生存状况。这也是一种最贴近当地人的旅行方式。

于是，这一个月，我将从乌兰巴托出发，跨越整个蒙古国西部，骑行2000多公里，见识蒙古国的草原、沙漠、雪山、湖泊，更重要的是，遭遇那些在这片大地上存在过的民族、已经消失的和继续生存的，去体会大草原的整个历史。

当然，前提是，我能够从警察的手里逃脱……

第一部

游牧摇篮的雨季

第一章

又一次疯狂

我的骑行史——骑行蒙古国计划的由来——在全国范围筹集装备——线路规划：东线和西线——东线和成吉思汗有关的地名——西线穿越之旅——在国内练车——土木堡、元中都、元上都——出发

时间回到 2006 年的夏天，地点暂时从蒙古国转移到西藏。

"你要骑行去阿里？"至今我仍然记得拉萨骑行者酒吧老板阿达惊诧的目光。当他听说一个从来没有骑过长途的菜鸟要骑行最难的线路时，那种表情丰富到可以进入戈雅的画里。

那个菜鸟就是我。

阿里是西藏地区最难到达，也是最荒凉的地方，阿达的眼神中明明带上了惋惜的神色，仿佛这个不知天高地厚的家伙注定有去无回……

对于大多数新来者而言，第一次进藏意味着小心翼翼和胆战心惊，生怕高原反应要了命。他们会满足于在拉萨街道上购买琳琅满目的民族商品，为布达拉宫欢呼雀跃，再包辆车转一转著名景点，就可以打道回府了。

而此刻，竟然来了个愣头青，刚刚进藏两天就去徒步珠峰大本营，为了省钱没有包车，而是坐当地人的班车去了定日，再在 5000 米的高原上徒步上百公里看见了珠峰。回到拉萨后又决定骑自行车去阿里，这样的人自然是神经病。

"你的自行车呢？"阿达问道。

我有些羞涩，却又只能实话实说："我还没有自行车，我准备在拉萨租一辆。"

阿达那儿就有自行车出租，几辆威风凛凛的山地车随时等待着客人们掏钱，不过，所有租车的客人都只在市内骑，而我却想骑到 2000 公里外的阿里去。

"你想花多少钱租车？"他再次问道。

"越便宜越好。"

阿达决定不租给我，他认为我这人不靠谱。他不会把自行车租给疯子，让他在颠簸的砂石路上骑 2000 多公里，不仅人受不了，车也吃不消。

第二天，我在外面的自行车行租了一辆自行车，押金两百块人民币，老板娘认为那辆车只值这个价。于是这辆车就陪伴我去了 400 公里外的纳木错，又陪我到了 2000 公里外的阿里，不过到达已经是一个月之后的事了。在阿里，我计算了一下，按照每天租金 20 元计算，等我把自行车运回拉萨，不仅要不回押金，还必须再支付四五百块钱，于是我把自行车以 50 元的价格卖掉了……由于阿里的自行车业太不发达，买车的修车师傅威胁我说，如果不卖给他，就只能卖给收废品的。

这就是我的第一次长途骑行史。回头看来，那是多么疯狂的一年啊！我不仅徒步珠峰，还徒步神山冈仁波齐、雅鲁藏布大峡谷、墨脱、米堆冰川、梅里雪山，骑行纳木错和阿里，并骑车去最偏远的札达土林和古格王朝遗址，这两个地方对于自行车车手还属于未被征服的目标。

阿达对我的担忧也并非离谱，2006 年的骑行者们对于阿里还充满了敬畏，国内骑车的人大部分都是走最简单的青藏线和川（滇）藏线。就算到现在，国内流行的图书和拍摄的视频也大都是针对这两条线的。而竟然有一个菜鸟在没有骑行经验的情况下就跳过这些简单线路，第一次骑行就玩起了人们谈之色变的阿里。

不过，我感谢自己第一次就把目标调高。这一年的旅行锻炼了我的视野和胆量，以前在城市生活的我，走在乡间的夜路上都会害怕，而现在不管走什么样的夜路，我连一点紧张的情绪都没有了。

在雅鲁藏布大峡谷，我曾在午夜黑暗的山路上摸索，漆黑的夜晚下着微雨，不管眼睛如何想适应黑夜，都无法看见黑暗之外有什么。这时从江面上升起了点点磷火伴在我的右侧，久久不灭。由于从印度吹来的风顺着江面徐徐前行，风速和我行走的速度差不多，风力带动着那些飘浮的磷火一路上跟随着我，直伴我到达了派区。

即便到了深夜，派区的饭店里仍然觥筹交错，我进了第一家饭店兼旅馆，坐在凳子上再也起不来了，那天我翻山行走了大约60公里。在饭店包间里，当地男人们正在和几位姑娘喝着花酒，当他们从我身边走过时，都会用惊讶的表情望着这个狼狈到极点的客人：浑身湿透，脸色如同死人，说不动话，走不动路，在等待着老板娘送上一碗热面。

那天之后，我再也不会害怕黑夜，不管在哪儿，黑暗都是我的朋友。我再不会害怕不确定的处境，不管是处于陌生的城市，还是生活上暂时没有着落，我相信只要人活着就有办法，没有什么好惊慌的。

第二年，我把自己的骑行难度再次提高：从广东出发，经过广西、贵州、云南进入四川，从四川进入西藏昌都。从昌都开始，我骑行了两条没有人走过的线路，一条是从昌都到拉萨的古官道，另一条是从拉萨到阿里的大中线，并去了北方的双湖和中间的大湖当惹雍错。

如果说2006年的骑行让我感受到了骑行的乐趣，那么2007年的骑行已经让我成为国内顶尖的探险骑行者之一。我所结识的人也都显得与众不同，他们总希望按照自己的方式行走江湖，如果听说某一条路没有人走过，他们立马异常兴奋，毫不犹豫地前往。即便是前人走过的地方，他们也一定要玩出花样来。比如，人们转神山和徒步墨脱时，就算步行进山也痛苦异常，而我的朋友们却有人扛着自行车爬了进去。还有人在无人区中骑行了两个多月，孤身与各种野兽为伴，当人们以为他死了时，他却拖着满是伤疤的瘦弱身躯，大摇大摆出现在人们面前。他们总是想表现出大写的人字，害怕淹没在人云亦云的城市生活中无法超脱。

然而我却暂时放弃了骑行，成为一名记者，并开始了写作生涯。在2013年，我已经出了三本书，并正在准备第四本。

我的第三本书是印度的文化旅行笔记，第四本则是关于东南亚的，在写书的过程中，我发现了一个奇怪的现象：所有亚洲的国家都把打败蒙古人的入侵当成是最值得骄傲的事情之一。比如，越南除了胡志明之外最大的民族英雄（或者说国魂）

是一位叫作陈兴道的人，越南人认为，正是因为他打败了元朝军队，使得越南摆脱了北方附庸的形象，成为强国。而在印度，阿拉乌德丁因为击败了蒙古人，成了德里苏丹国最著名的苏丹。日本人的民族精神很大程度上来自击败了忽必烈的两次海上入侵。泰国和缅甸也留下了深深的蒙古人烙印，他们庆幸于摆脱了蒙古人。

也就在这时，一个念头突然进入我的脑海：我要去蒙古，去见识一下这个历史上曾经让人谈之色变的国度。中国境内也有许多蒙古人，但更多的蒙古文明却保存在那个更靠北的国家。

而且我要骑自行车去。

为什么要骑自行车？因为骑自行车是一个观察当地的最佳手段。蒙古国的地域有 150 多万平方公里，与西藏差不多大，如果不骑自行车，还剩下两种方式：骑摩托车和坐汽车。

坐汽车是最不容易了解当地的方式，车内乘客很少能体会到真正的路况，他们只能到景点下车，一切都要听司机的安排，这不符合我的要求。

在蒙古国，最佳的旅行方式是骑摩托车，后来我碰到过无数的摩托车手，他们大都来自欧洲和俄罗斯，当然还有不少本地人。摩托车也是五花八门，有小巧的女式车，还有人高马大的耗油大户。俄罗斯人的摩托车一个个都像是疯狂的公牛，如果歪倒了，连扶起来都很困难，车身上挂满了额外的油箱、大罐的水、帐篷、行李、食品，如同流动的吉卜赛人之家。

然而，对于中国人，骑摩托车却成了一种奢望，原因在于：我们的边境不让摩托车通过，也不准托运摩托车。剩下的旅行方式只有自行车。对于大部分去蒙古国的中国游客来说，自行车显得那么陌生，特别是在国外。我们必须面对不熟悉的环境，蒙古国的道路大部分都是土路，且岔道无数，由于语言不通，加之蒙古国地广人稀，找人问路都很困难，非常容易迷路。

但对于我，自行车却给了我最大的自由度。

就这么定了，开始行动吧！

那天，我开始给我的朋友们发消息：我要骑去蒙古国了！

前两个得到消息的是我的出版商王留全和卓巧丽。我的前几本书都是由他们出版和发行，告诉他们实际上是一种变相的拉赞助行为。

果然，他们的回复让我感到安心，他们对于这个题材感兴趣，嘿，这很带劲儿！不过这时我的书还八字没一撇，这意味着，我不仅要去蒙古国骑行，还必须坚持下来，寻找到足够的题材，再查资料写成书，并达到出版标准。

第三个收到消息的是我的朋友王友民。王友民是在我骑行去阿里的时候认识的，我们在全国徒步、骑行了许多地方，一直保持着联系。王是一个善于鼓励人的家伙，他几乎从来不说一句"恶言"，总是不停地说：你行的，你一定行的……

但这次我不是为了听他灌迷汤，而是想要他的自行车。由于我长期行踪不定，如果购买一辆自行车，那么骑完蒙古国之后，这辆车连存放的地方都没有。我想到王有一辆自行车也许可以借给我。

王接到我的电话，似乎早就有了准备。我很少打电话，一打就肯定有事儿。

"没问题！"听完后，他二话不说答应了下来，"骑到蒙古国，这个主意不错。到了蒙古高原没人的地方，不要忘了祭拜一下腾格里老天爷。"

要知道，他的自行车可是纪念品，他曾经骑着它走完了进藏的所有线路，他多次提出要把这辆功勋自行车挂起来供人瞻仰，现在却要被一个不知爱惜的人拐走了……

"你什么时候来取车？"

这时我人在杭州，而他和自行车在上海。我告诉他，请他把车寄到北京去，我在那儿取车。

"没问题，随时听命。"他回答说，"如果你需要，我可以顺便把帐篷和防潮垫一块儿寄给你。"

就这样，我搞定了自行车、帐篷和防潮垫。接下来，我还缺一个驮包。自行车旅行当中，驮包是不可或缺的物品，一个好的驮包不仅可以装行李，还可以遮风挡雨，避免行李受潮。

到达北京后，我见到了我的朋友、穷游网的孔雀。孔雀是一位线路爱好者，对于各种各样的骑行线路——古代的、现代的——都很有研究。"我可以借给你一对驮包。"孔雀许诺说。

那是一对大红色的驮包,看上去笨重、刺眼。然而用了之后,我才知道有多么实用。它们如同一对巨大的怪物,不管有多少的东西,都可以塞进怪物的嘴巴里。到了蒙古国之后,由于担心饿死或者渴死,我总是买上几天的水和食物,胡乱扔进驮包的血盆大口里。

夏天正好是蒙古国的雨季,我几乎天天碰到下雨,驮包外面的防雨层非常管用,不管多大的雨都能保证内部的干燥。到了西部,偶尔会有一条小河挡住了去路,我都会毫不犹豫地推车下水,驮包的下部淹在水面以下也不要紧。

孔雀还借给我一套修车工具,以及一本英文版的 *Lonely Planet · MONGOLIA*。他还和我详细讨论了路上可能碰到的问题,比如缺水、自行车会不会坏,需要准备什么工具,等等。

在路上,自行车最容易碰到的问题是爆胎,补胎胶和胶垫都不可或缺,自行车骑手们也都是补胎高手。其次是辐条断裂和车链断裂,这两种情况都需要特殊的工具才能处理,孔雀没有这些工具。不过我们认为,3000 公里左右的骑行碰到断链条的可能性还不大,但我必须承担这个风险。当然,为了减少这种可能性,我必须在路上注意对链条进行保养,及时上润滑油。

到这时,我的自行车来自上海,驮包来自北京,不花一分钱已经把旅行的装备凑齐了。所有装备中,只有一个睡袋是我自己的。

为了我回来后有地方写作,我联系了最后一位在广州的朋友文学锋。"没问题,等你从蒙古国回来,就到这里来写作吧。"他在中山大学工作,于是中大的图书馆随时向我开放了。由于每一本书中都包含了大量的历史和文化信息,在写后面几本书时,我大都借助了中大的图书资料。

在出发前,我去见了好友洪波和丁儿夫妇,在小米公司工作的丁儿决定赞助我一部最新的小米手机。"这下可以把你的黑莓换掉,小米拍照的效果要好得多。"丁儿对我说。于是,在路上当我不想把大号的相机拿出来时,就用手机拍照,效果堪比专业相机。只是,由于我在蒙古国一路上全是搭帐篷度过,唯在最后两天借住在当地人家里的地板上,没有充电条件,所以使用手机的频率不够高,否则我能够拍下更多的即时风景。

除了准备装备，另外的问题则是准备签证和购买火车票。

蒙古国还保留了不少麻烦的签证手续。这些手续或许对西方人已经逐渐放开，但对中国人依然保留。比如邀请函制度，个人旅行者必须获得蒙古国有关组织的邀请函才能去申请签证，我没有邀请函。但中国的代签很发达，在淘宝上随便一搜，就可以找一家代签机构帮忙，只是这样的价格会昂贵不少。为了节省时间，我不得不选择代签。

另外，去往乌兰巴托的火车票同样昂贵。由于签证的停留期只有一个月，我不得不先坐火车去乌兰巴托，从乌兰巴托再开始自行车之旅。火车票加签证费已经超过了 2000 元。事实证明，这是我此次旅行中最大的一笔花费了。在蒙古国境内将近一个月，也只用了 1300 元而已。

在准备装备、申请签证的过程中，我也在同步准备着进入蒙古国之后的线路问题。由于我旅行的兴致主要在历史和文化上，在规划线路时自然要结合蒙古人的历史地理。

对于普通的旅行者，一国的首都通常是停留最长，也是游玩最深入的地方，而对我来说，有几个地点的重要性却远超过首都。在这些地点中，首都乌兰巴托东面和西面的两个河谷地带尤其吸引人。

在乌兰巴托的东面两三百公里处，有一列蒙古国最特殊的山脉叫肯特山（Khentii），这个山脉的南面是一片巨大的河谷平原，在这里有三条河流过，分别是克鲁伦河（Kherlen）、图拉河（Tuul）和斡难河（Onon）。

蒙古国有三列最重要的山脉，在东部是肯特山，在中部偏西的地方是杭爱山（Khangai），西部与中国、俄罗斯交界处则是阿尔泰山（Altai）。其余山脉大都可以看成这三列山脉的延伸或者附属。

三列山脉中最高的是阿尔泰山，山脉密布着海拔 4000 多米的雪峰，其次是杭爱山，它的主峰接近 4000 米，但夏天时峰顶只有少量的积雪。肯特山最低，最高峰亦不超过 2000 米，但对于蒙古国的人来说，肯特山始终和蒙古人历史上最著名的人物成吉思汗关联在一起。

而那三条河流经的河谷平原，则是成吉思汗时期蒙古人的活动中心。关于蒙古人早期历史的著作有很多，中国的《元史》、波斯人拉施特主持编撰的《史集》都记载了一部分关于成吉思汗时期的蒙古地理，而蒙古人自己也曾经书写了一部奇书叫《蒙古秘史》。这本书之所以神奇，在于流传下来的版本是一个混合版，用汉字标注蒙古发音。比如，如果要用汉字记录英文发音，可以把文学（literature）一词记作"利特瑞彻"，把吃饭（eat）记成"伊特"。可如果把莎士比亚的《亨利四世》通篇都这么用汉字写出来，那么不仅英国人不懂，中国人也看不明白。要读懂这样的书，必须首先学会汉字，然后要精通英语的发音。而《蒙古秘史》（蒙语发音是：Mongyolun niyuca tobciyan）这个书名被记成汉字"忙豁仑 纽察 脱察安"，它的整本书也的确被用汉字"加了密"。

实际上，现在蒙古国使用的文字系统还是非常别扭，那儿的人说蒙古语，却使用俄文字母（西里尔字母）来记录，这是由于 20 世纪蒙古国受到苏联的影响，采用俄文字母来记录蒙古语，经过了几代人，西里尔字母已经成了蒙古人生活的一部分，反而是以前的蒙古字母被遗忘了。作为中国一部分的内蒙古却还保留着使用蒙古文字的习惯。

《蒙古秘史》中记载了早期成吉思汗的活动，他的活动地域大都可以在肯特山区和三河流域找到，并一一对应下来。在肯特山区有圣山布尔罕哈勒敦（Burkhan Khaldun），成吉思汗在发迹之前，就和母亲、弟弟们生活在这里，而这里也可能是埋葬他的土地，只是他的墓葬至今仍没有找到。虽然内蒙古有成吉思汗的陵墓，但那并非大汗真正的葬身之所。有一种说法，是他的遗体回到了他最初出生、发迹并度过了大半生的地方。传说成吉思汗出生在达达勒（Dadal），在如今蒙古国和俄罗斯交界附近果然有一处叫达达勒的地方，被人们认为是成吉思汗的出生地。

在肯特山区南面，有一个叫作库库诺尔（Khokh Nuur）的小湖，它小到只有一个池塘那么大，却是历史上有名的浩赫湖，成吉思汗第一次加冕就是在这个湖边。不过，这次加冕并非人们尊他为成吉思汗的那次，而是他的父老乡亲和叔父们尊他为头领之时。从一个部落的头领到统领全蒙古的成吉思汗，他还有很长的路要走。

在肯特山南面的三河谷地，有成吉思汗建立的第一座都城德勒格尔汗（Delgerkhaan）。在这里，成吉思汗开启了与他的安达（拜把兄弟）札木合的战争，并征服了塔塔尔人，报了杀父之仇，又打败了信奉景教（即聂斯托里教，基督教的一个异端分支）的克烈部。克烈部的首领叫王罕，曾经与成吉思汗情同父子，并帮助他完成了从流浪少年到部落首领的角色转换，最后却因为争夺霸权而兵戎相见。同样是在这儿，成吉思汗还征服了西边的乃蛮部，归并了卫拉特人、蔑尔乞惕人、吉尔吉斯人、弘吉喇部等，完成了蒙古的统一。也正是从这儿，成吉思汗开始攻打中国境内的女真人（金朝），并发动了对西夏的三次战争，最后挥兵西进，开始横扫中亚。

直到成吉思汗老年时，他才开始考虑把首都迁往另一个地方。而真正的迁都则是由他的儿子大汗窝阔台实行的。

在乌兰巴托西面400公里的地方，有着另一片著名的河谷地带——厄尔浑谷地（Orkhon Valley）。这里就是蒙古人的古都哈拉和林（Kharkhorin，或者Karakorum）的所在地。

哈拉和林曾经让多少人魂牵梦萦，它比之前的都城德勒格尔汗更适合成为世界的中心。德勒格尔汗成为首都，是因为当时的成吉思汗只占有蒙古东部，且他选择的位置正好是他生活过、奋斗过的地方。而一旦拿下整个蒙古，需要向外扩张的时候，更加靠近西部的哈拉和林便显示出位置上的优越性。

我的计划是：首先前往肯特山区去寻找成吉思汗的踪影。不管是浩赫湖，还是德勒格尔汗，由于蒙古人的游牧传统，当年的遗迹几乎荡然无存，但我想去看一眼当年蒙古人生活的环境，去探寻他们崛起的秘密。

从东部回来后，我将骑车3000公里，去往广阔的蒙古国西部，一路上经过哈拉和林，再从后杭爱省（Arkhangai）一穿而过，向北方去看巨大的库苏古尔湖（Khovsgol），从库苏古尔南下乌里雅苏台（Uliastai）。

当蒙古衰落，并被清朝并吞之后，乌里雅苏台成了清军的驻扎地，承担着蒙古中心的角色，直到清朝灭亡。乌里雅苏台位于杭爱山脚下的西南方向，如果从东部过去，意味着翻越整条杭爱山脉。

从乌里雅苏台继续西行，可以到达蒙古国最狂野的西部，成吉思汗及其后代西征的道路就从这里穿过。这儿还是古代人种斯基泰人的大本营，广阔的空间布满了巨大的石头陵墓，这些石头墓都已经存在了两千多年。我选择的路线将经过西部省会乌兰固木（Ulaangom）和乌列盖（Olgii），最后到达科布多（Hovd）。

科布多同样是清军驻扎的地方，那儿象征着一个时代的结束。那里也是我骑行的终点，它距离中国的新疆已经不远了，我将搭车从新疆出来，结束这次行程。

计划制订完毕，我才意识到自己过于贪婪了。我试图将蒙古国的一切都收入囊中，可我只有30天的停留期，由于第一天到达首都已经是下午，我实际上只有29天的时间。

更何况对于路况，我几乎一无所知，一天到底能骑行多远？按照以往的经验，在柏油路上一天可以骑行100多公里，但在土路上却只能骑80公里左右。由于蒙古国土路居多，平均每天很难达到100公里，可上面的线路已经有接近公里千米。显然，我必须在旅行中权衡着放弃某些地点。

6月底，我购买了7月10日出发的火车票，这趟火车开往遥远的莫斯科，在蒙古国首都乌兰巴托停留时恰好是11日下午1点前后。

距离出发还有10天左右的时间，我策划了一次短途的练车。由于长时间没有骑过自行车，重新上路需要有一个循序渐进的过程。2010年，我和王友民曾经计划穿越藏北无人区，最终我却放弃了，原因是多方面的，其中一个是没有经过充分的练车，身体没有拉开。这次我不想重犯以前的错误。

我练车的路程并不复杂，在北京北部，分布着一系列与蒙古人和元朝有关的地点。北京有著名的元大都土城遗址，著名的北海也是元代的遗留，甚至北京的水系也受益于蒙古人。在我写作生涯早期，对我帮助巨大的朋友沈碧芸曾经在北京电影学院学习，这个学院就在元大都土城附近。我的好友张娟家也住在元大都附近，去她家吃饭时，从她家的窗户就可以看见不远处的土城和护城河，以及更远处的奥林匹克公园。

除了元大都之外，如果向北经过昌平，翻过著名的居庸关，过了官厅水库，就到了另一个和蒙古人相关的景点：土木堡。这里之所以有名，是因为蒙古人的一支卫拉特部曾经在这里俘虏了一位明朝的皇帝——明英宗。如果明英宗生活在现代，他只需坐上汽车，花上两个小时就能逃回京城，但可怜的皇帝陛下生活在几百年前，眼巴巴在距离北京城只有100公里的地方被蒙古人俘获。

从土木堡再向西北方，过了怀来、宣化、张家口和张北，就到了一个白色的城池废墟。这里曾经是元代短命的中都。虽然这个废城早就为人所知，但意识到它就是元代的首都之一，还是最近几年的事情。这大概是因为，这个城市作为首都的历史过于短暂了，人们往往忽略了这个首都的存在。

从元中都向东北方向移动，走过几个带有古代浓郁气息的地方——太仆寺旗和正蓝旗，在茫茫的内蒙古草原上，就到了另一个著名的元代遗迹：元上都。这里曾经是马可·波罗来过的地方，也是元代的政治中心之一，比元大都的历史还要早。

从北京出发到达元上都，整个路程大约500多公里，我用5天时间骑完了全程。最初的两天下着连绵阴雨，仿佛预示着我这个夏季都会在雨水中度过。不过后面三天的天气非常不错，让人感到振奋。

我甚至骑行了一段高速公路。按照规矩，自行车是绝对不能上高速的，但由于标识不清，道路设置不合理，我误打误撞来到了高速入口，还没有别的路可以下去。在张家口北方的收费站，一位姑娘拦住了我："自行车不能上高速。"我支支吾吾想不出答词，心里还在盘算着得倒回去好几公里才能找到别的路。姑娘似乎看出了我的困境，连忙加了一句："逗你玩，过吧。"

我就在高速公路上翻越了著名的野狐岭，它也是内地平原和内蒙古高原的分界线，过了这里，就出了明朝疆域，或者说从定居文明过渡到了游牧文明。中国境内的草原上也有着大片的绿色和连绵起伏的山川，白色的蒙古包在蓝天白云下悠闲地趴着，一切都显得懒洋洋的。

关于这次练车，以及几个遗址的情况，我想插入后文的叙述中，在回忆蒙古人的英勇历史时再回头讨论。这次练车最主要的目的是把我的肌肉拉开，增强耐力。回到北京我又休息了两天，出发时，身体已经达到了最佳状态。

7月10日，上路的时间终于到了。

第二章

进入异域

空城二连浩特——丝绸之路和草原通途——霍去病和李陵——抢劫的结局——有变形功能的墨镜——乌兰巴托的那达慕——苏赫巴托广场上的骑马像——放弃东线——离开首都——第一次迷路——彩虹下的乌兰巴托

7月10日，深蓝色的夜幕笼罩着大地，我们的列车到达了中蒙边境的二连浩特。

由于蒙古国和中国的列车轨道宽度不一致，列车在这儿需要更换车轮，整个更换过程需要三个多小时。为了给旅客节省一天的停留时间，列车将会在半夜十二点整进入蒙古国，由蒙方加盖11日的入境戳。

在列车停留的时间段里，中国警察先上火车收了护照去盖出境章，而旅客们可以选择下车逛一逛二连城，或者留在火车上休息，巨大的起重机会把车厢整列吊起，换上新轮组。

和我在同一车厢的是一个英国小伙子，还在上大学，利用假期到中国和蒙古国旅行。我们决定在进入蒙古国之前，下车去二连浩特市内看一看。

这次旅行让英国青年大吃一惊。之前他只去过北京和上海，心里对中国的印象只是外滩那高耸的楼群，以及北京街头涌动的人头，但在二连浩特他仿佛进入了童话或梦中才有的异次元空间。

随着城市的改造，小小的边境城市二连浩特也变得高楼林立，到了夜里，霓虹灯闪烁下的夜总会琳琅满目。但是，这一片浮华的夜景中却缺少了主角：人气。大部分的街道上即便有再多的灯光，行走的人却很少，由于那天天空中飘落细雨，整座城市更显得冷冷清清。

　　在日本动画片《千与千寻》中，千寻随着父母走到了一处曾经繁华、后来却空无一人的城市，城中带着浓浓的妖气，到最后，果然千寻的父母中了魔法。英国青年在夜间的二连浩特找到了动画中的感觉，城里带着一丝诡异的气氛。

　　三个小时后，我们再次上了火车。换过轮子的火车向着蒙古国境内开去。由于是夜间，我们都看不清外面的景色。盖过出境章之后，火车进入蒙古国茫茫的戈壁之中，我们在有节奏的摇晃中进入了梦乡。

　　中国历史上，有一组著名的道路连接着东方和西方世界，后人为这一组道路起名为丝绸之路。之所以称它为一组，是因为丝绸之路实际上有几条，最初人们常走的是南线，也就是在新疆南部，沿着塔克拉玛干沙漠南端（同时也是昆仑山北侧）的一连串绿洲前行，经过喀什噶尔和塔什库尔干进入中亚。之所以这条路发展最早，是因为这条路最靠南，距离长安最近。在南线流行时，新疆北部和中部还被认为是蛮荒之地，人们不敢进入。

　　后来，随着地理知识的增加，人们开始频繁地使用丝绸之路的北线，也就是沿着塔克拉玛干沙漠北段（同时也是天山南侧）前行。从南线发展到北线，意味着巨大的进步。

　　之后，丝路的天山北道开通，人们能顺着天山北侧和准噶尔盆地的南沿向中亚进军，这又比前两条路更加靠北，也意味着中国人活动范围的进一步扩大。

　　但到这一步，传统意义上中国人参与的丝绸之路就停滞了，再也没有向北发展。可以说，丝绸之路如同历史上一个狭窄的窗口，当时的中国人只能通过这个小窗口，才保持着和西方世界的联系。

　　但令人意想不到的是，在丝绸之路的北方还有一条宽广的"高速公路"和西方相连，这就是宽阔的中亚草原。这片草原地带气势磅礴，涵盖了新疆北部、蒙古草原和一部分俄罗斯以及整个中亚。从古至今，游牧部落的马队就在草原上驰骋，从中国东北的兴安岭，到欧洲境内的南俄罗斯草原，就是游牧民族天然的草场和宽阔的通道。

这条通道唯一的阻碍，就是亚洲和欧洲的分界线——乌拉尔山。这条山脉如同从地底冒出来的，将广阔的大平原一分为二。不过乌拉尔山并不算高大，而且它的南部并没有抵达里海，在咸海和里海中间留下了一个巨大的口子，游牧民族的马队如同海潮一样顺着这个口子你来我往。

但中原人却被排斥在这条"高速公路"之外，原因是：这条路属于游牧民族，定居文明无法渗透，也无法在此生存。结果，历史上的中原就被北方的蒙古和西伯利亚、西北方的新疆、西南方的青藏高原死死围住，与西方交通异常艰难。

另外，北方"高速公路"还因若干地理特征而与南方的汉域隔开，最显著的特征就是一系列的戈壁和沙漠。

汉代时，有一个青年将军叫霍去病。霍去病最远到达了哈拉和林所在的山谷——厄尔浑山谷，并在山谷旁的燕然山刻下了自己的名号。之后的李陵也试图越过戈壁去进攻匈奴，却落得被俘名败的下场。投降之后的李陵果真到了匈奴的王庭，只是这时候他已经和中原的历史无关了。

当我进入梦乡时，火车就在戈壁中行驶着，出乎意料的是，我梦见了当年的李陵，他代表着一种宿命的力量，让人感觉到人与命运和自然较量时显得多么渺小。而我想挑战的就是这个恶劣的自然条件，前面还有数千公里的路程等待着。

我醒来后，列车已经开过了戈壁，到达了草原区。我正式进入了这条著名的草原"高速公路"之中。与南方中国境内的山峰相比，由于风力的作用，蒙古国的山大都显得浑圆，起伏不大，列车在山区优美的曲线中缓缓前行。英国青年惊讶地望着窗外那偶尔出现的蒙古包，这大概是他第一次见到真正的蒙古包。

如果要在世界上选择一处地方，要求此时的景致和人们的生活方式与八百年前最为接近，那么也许蒙古国的部分地区可以列为候选之一。实际上，除了列车、铁路和电线杆，以及偶尔出现的一两段公路，其余的景色大概与几百年前没什么区别。同样是起伏的山川、绿色的草原、缓缓的流水，人们还是住在蒙古包里，骑着马，一切都显得那么古老和安闲。

只有在接近乌兰巴托时，周围才突然出现了几处木条或者石头的房屋，接着列车随着山势一拐，一片宽敞的河谷出现在眼前，乌兰巴托如同变出来一样耸立着。蒙古国的首都已经是一座颇为现代化的大都市，居住着100多万人口，就像是一个现代奇迹坐落在古代的草原上，显得与环境格格不入。

列车进入了城市，在进站前减速时，铁路两边已经挤满了盛装的当地人。由于当天正值蒙古国最大的节日——那达慕节，在这一天，蒙古国各地都会举行那达慕体育大会，除了炫耀参赛健儿的强壮，也是人们游玩放松的好时候。铁路正好位于首都的那达慕体育馆和市中心之间，密集的人流恰好被到来的列车截断，人们在路边等待着。我们都已经跃跃欲试，准备下车后前往那达慕大会的现场观摩。

然而，就在这时，我遭遇了进入蒙古国后的第一难：自行车取不出来。当时的情况在本书的开头已经叙述，这里把故事的结果写出来——

由于我强行从仓库把自行车推了出来，还想向保管员行贿，保管员立即毫不犹豫地抓起手机报了警。

没有呼啸的警车，但警察却真的立即赶到了。

一位胖警察在一分钟之内就拍着腰里的枪出现了。警察局就设在旁边的楼里，出勤方便，我的"抢劫"闹剧迅速落幕，我束手就擒。但是，且慢……

胖警察看见我时，露出了惊讶的目光。原来，最初我找不到仓库在哪儿的时候，询问的警察就是他。当时他的礼貌和我的微笑给彼此都留下了不错的印象，我们已经算是熟人了。

在他犹豫的时候，我意识到自己不仅不会被抓起来，反而有了机会。由于他会一点儿英语，我连忙比画了个"一"，告诉他我只有一个月的停留期，为了加强自己的可信度，我掏出护照让他看签证上的时间。我又告诉他，按照规定四天后我才能取车，接着开始背诵要去的一系列地方：哈拉和林、车车勒格、库苏古尔、乌里雅苏台……由于对地名的发音不标准，我甚至无法确定他是不是知道我说的是哪儿。

胖警察点了点头，似乎弄懂了我的意思。他把枪收起来，开始帮助我向保管员求情。保管员眉头紧锁,威风全无,他大概还没弄明白,警察为什么帮助外人说话。

糟糕的是,过了一会儿,胖警察似乎被保管员说服了,他转头朝向了我:"关税,是关税的问题。"他边嘟囔边解释:自行车需要交一点关税和手续费,但由于缴费处在节日里不开门,没有人知道应该交多少钱,也没有办法办理手续。

我原本以为只要我把提货单给他们,就可以拿到车,一手交单,一手交货,就像是在国内提货一样简单,可胖警察的一番解释让我明白没有那么简单。我已经迷糊了,但除了坚持没有别的办法。我提议:"我可以留下足够缴税的钱,把提货单也留下,等节日过去了,你们帮我补办一下手续。"

胖警察又和保管员商量了一会儿,这次记账员姑娘也参与进来。他们不住地点头或者摇头。最后,胖警察拿起了我的单子,带着我走进了一栋大楼里,我们径直上了楼,进了一个几乎没有人的大厅,那儿只有一个值班的女孩子。胖警察把单子递过去,又免不了一番软磨硬泡,女孩子面带嗔怪地查阅了电脑中的记录(看来她已经是破例了),告诉我们需要交 4000 图格里克左右的手续费。我还没有来得及换蒙古国货币,兜里只有人民币和美元,只好请胖警察垫付一下。

交完了钱,胖警察拿起单子带着我走回了仓库。他告诉我,手续费是交完了,但关税在当天真的无法交,没有人上班,他建议记账员姑娘帮我代缴。记账员姑娘犹豫了一下,在心里估算着价格,她告诉我给她 10 美元,再把单子留下,四天后可以帮我办理最后的手续。而四天后,我已经到达 400 公里外的哈拉和林了。

就这样,胖警察不仅没有把我铐起来,反而帮助我获得了自行车。拿到车让我心中充满了对蒙古人的感激之情,当天剩下的日子都是在快乐中度过的。当我向他们挥手告别时,蒙古国的新生活已经在向我招手了。

我骑车向那达慕体育馆赶去,在路上从自动提款机中取了 80 000 图格里克,折合 300 多块人民币。由于靠近中国,蒙古国的提款机大部分都支持银联,用人民币借记卡取款非常方便。我担心银行也停业,无法用美元兑换,于是看见支持银联的提款机我就冲了过去。事后我才知道,有的银行在节日也是开业的。

接近体育馆时，路两侧已经越来越热闹，男女老少小商小贩贩卖着各种商品，我才理解蒙古国的那达慕节就像是中国的庙会，吃喝玩乐各种项目无所不包。

路边有不少眼镜摊，我的眼睛由于在西藏时得过两次雪盲，留下了后遗症，怕强光，又有迎风流泪的毛病。在北京我想买一副便宜的墨镜，却发现已经很难找到路边的眼镜摊了，而商店里的价格都高得离谱。乌兰巴托还保留着路边摊的习俗，价格也不贵。

我选择了一副墨镜，花了4000图，大约15块人民币，从卖眼镜姑娘欣喜的笑容看，这个价格对她有利，但我不在乎。

事后，我才发现这个眼镜的毛病：当我戴上后，跟前的景色总是比实际景色凹陷下去，如果前面是平地，戴上眼镜就感觉是个浅坑；如果前面是上坡，有可能会看成平路，甚至是下坡。在骑自行车时我总是纳闷，明明前面是下坡，为什么我骑起来这么费力气？在路边小解时也总是选错位置，以为尿会向前流，事实上却总是回流到脚边。后来，习惯了这副墨镜之后，有一次在傍晚爬山时流汗太多，老弄湿镜片，我便把墨镜摘掉骑车，突然发现不敢骑了，路突然变得陡峭，让我产生了心理障碍，只好下来推车。

那达慕体育馆周围看上去像中国小县城内的景象，除了体育场之外，周围没有太多的建筑，但大片空地上却挤满了各种小摊，身着盛装的蒙古人都显得很开心，这一点我在北京豪华的商场内都很少看见。

体育馆内的摔跤手们在进行着只有一个胜者的较量，体育馆外的大屏幕上也实时直播着场内的比赛画面，但外面的人群却并不十分关心运动员们的表现，反而自顾自游玩起来。蒙古国的食品并不算便宜，马奶酒1美元500毫升，普通的肉串一串也要10元人民币左右。第一天，我忍住没有买马奶酒。在国内我刚刚宣布了戒酒，一位朋友不相信地问我：你到蒙古国去能不喝酒吗？

我说争取做到。她向我提供了一个替代方案：喝一天酒就要戒三天肉。最初我忍住了酒的诱惑，但随后就失控了，从蒙古国出来时，我已经积攒下了21天的斋戒。

蒙古国是一个非常适合嗜酒的人居住的地方，这里的各种酒都很便宜。一路上，在路边牧人的帐篷外往往都会摆上几个瓶子，里面装着马奶子，开车路过的游客可以任意选择。从古至今，任何一个到蒙古国的东、西方游客都忘不了马奶酒。从13世纪出使蒙古的意大利人柏朗嘉宾到20世纪的中国游客，对这种由动物糖分发酵的饮料都充满了好奇心。而蒙古包的小商店里可以没有别的商品，但必定有酒。不同商标的伏特加、各种牌子的啤酒，这些啤酒的度数比国内更高，容量更大，我曾经购买了一罐2.5升的大罐啤酒，那可真叫过瘾——既然不管喝多少都要斋戒三天，为什么不一次多喝点儿呢？

孩子们之所以喜欢那达慕，是因为会场外有许多游乐设施，蒙古人用吹气塑料膜圈起一个水池，放上几个小型的电动船，就可以吸引无数孩子的参与。还有一种如同小型蹦极一样的设施，不过不是让人往下跳，而是利用橡胶带的弹性，把人弹射向天空，再拽回来，来回震动着。

离开那达慕体育馆向北不到半个小时，就到了乌兰巴托的市中心。如同北京的天安门广场一样，乌兰巴托是以苏赫巴托广场为中心的。

1911年，当清政府在革命中分崩离析的时候，外蒙最大的活佛第八世哲布尊丹巴呼图克图宣布独立，他自称皇帝，并接受俄国的帮助，拒绝中国的统治。袁世凯称帝时，诱使哲布尊丹巴放弃独立，而接受了中国册封的博克多汗的封号，历史就以博格达汗（即博克多汗）的名字记住了这位大喇嘛。

在那达慕节当天，苏赫巴托广场上曾经举行了一场仪式，下午我过去时，广场上的音响和喇叭还没有收起，几位音乐家对着麦克风尽兴地演奏着，广场上人们的动作都随着音乐带上了节奏。

几位溜旱冰的少年比赛技巧，有人在用小轮车做着表演，有人在广场上拍全家照，小商贩们卖着气球和食品。苏赫巴托高高地骑在马上望着这个歌舞升平的地方，不知道是否满意。在他对面的主席台里坐着成吉思汗、窝阔台和忽必烈的雕像，三位合罕面目慈祥，不像彪悍的世界征服者，反而像是含饴弄孙的老爷爷。蒙古人的相貌大都显得平和，这与他们的能征善战形成对比，让人不理解，这两种截然不同的特征怎么能统一在一个民族身上？

正是在蒙古国的中心——苏赫巴托广场上，我必须做出第一个选择：是向东还是向西？

如果说，在到蒙古国之前，计划还只是设想的话，现在我必须把计划变成现实。而现实是：我只有30天时间，预计平均每天骑行不会超过100公里，而计划里的线路却有4000多公里。

如果要去东线的肯特山，大概需要一个多星期的时间，剩下20天不够西线的骑行，那么一定要在某些路段选择坐车，不可能全程骑行。到底是放弃肯特山，还是在西线搭一段车？这就如同掷硬币一样没有对错，只是选择。

我最终决定保留完整的西线，放弃肯特山。这也意味着我无法看到成吉思汗早年居住、战斗和统治的地方。这是一个令人沮丧的决定，直到几天后我还在耿耿于怀。不过，随着西部景色越来越炫目，对于未知的好奇逐渐取代了失落感。为选择权而苦恼，或许是每一个旅行者必须面对的困境。

当天下午，在我到达乌兰巴托约四个多小时之后就离开了。我没有选择在乌兰巴托住宿，有两方面原因：第一，找旅馆需要花时间，而时间对于自行车旅行却是最宝贵的；第二，我仍然处于第一天到达后的文化休克之中。

这些年我早已经习惯了在陌生环境中自我生存，但在到达陌生处的第一天我仍然感到有些紧张。在这座陌生的城市，大部分人都不会英语，而几乎所有人都不会汉语，在交流时我只能靠手势和几个简单的地名发音来交流。我也没有在蒙古国吃饭的经验，对其物价、食品一无所知。几天后，我才学会在陌生地的生存技巧。

为了应付前几天的休克，我在国内出发时买了几根火腿，一旦找不到合适的饭食，就靠火腿充饥。在住处方面，由于蒙古国地域广博，处处可以扎营，我决定不找旅馆，而是到城外去搭帐篷。

乌兰巴托最大的街道叫和平大街。我随身带的地图上显示，从和平大街西行，就是通往哈拉和林的大道。在路上我碰到了一个银行，发现在节日里它竟然还开张，立即进去兑换了2000元人民币，汇率在1∶235左右，40多万图格里克让我一下子有了富人的感觉。100年前，1图格里克就意味着一笔值得炫耀的财富，当时人们习惯于使用更小的货币单位——蒙戈，不过随着累积的通货膨胀效应，蒙戈早已退出了流通领域，就连100图以下的钞票也正在退出。1900年之后的世界性通胀让人们不断地在钞票背后加零，1915年时，1万盾的钞票在越南足以建一座博物馆，但现在这点钱只够买一根法棍面包。1955年，在发行新人民币时，中国按照1万元旧币兑1元新币。

离开乌兰巴托时，我经历了进入蒙古国后的第一次迷路。去哈拉和林的路应该一直向西，但我走的道路不知为何却折向了北方，我耐着性子向前骑了十几公里，感到实在不对，只好下来询问当地人。

这是我第一次问路，即刻体会到异乡人的痛苦。我不停地发出哈拉和林这个词，竟然没有人能听懂。当外地人到达一个新地方时，为了纠正发音也往往需要几天的时间。我自以为发音很标准，但对于当地人来说还是太怪异了，无法解读。

几次碰壁之后，在一个大院的门口，我找到了几个坐在花坛旁休息的人。为了避免对方听不懂，我拿出了地图，指着地图上的哈拉和林。

"哈拉和林，哈拉和林。"一个女人兴奋地说。

他们开始七嘴八舌地和我说话，我却一句都不懂。但从他们的手势看，我已经走错路了，需要掉头回去。

在旅行中，人们最不愿做的就是掉头。我试着用手势问他们，在不走回头路的情况下，有没有岔道可以回到正路上。

那个女人在地上给我画了个简图，这下我看懂了，她告诉我直着走，再顺着一条很偏的岔道可以并到去往哈拉和林的路上去。但从她的表情来看，由于道路复杂，她认为我会走丢，还是更建议我走回头路。

我决定去寻找向前的岔路。第一次沟通成功增加了我的信心。几天后，我和当地人交流的障碍已经越来越少，除了手势之外，我随身携带了一支笔便于画草图，我的发音也越来越正确，能让对方在第一时间听懂我想去哪儿。我也越来越能看出来谁最有可能理解我，给我回答。还没有到达哈拉和林，我的文化休克就结束了。

岔路果然不容易辨认，它只是从一大片草原上轧出的车辙印，不过当我走到岔路时，恰好有几辆车从岔路并过来，向我指明了方向。这也是我在蒙古草原的土路上第一次骑行。这里已经接近山边，地势较乌兰巴托市内更高，当我回头时，发现远方密密麻麻的房子上空出现了一截彩虹，似乎预示着我此行的顺利。

我在能最后望到乌兰巴托的山口附近扎营。根据事后总结出来的经验，在蒙古草原扎营必须掌握两个原则：

1. 迎风原则。帐篷靠头的一端最好是迎风的，这样的帐篷比较结实。蒙古草原的风很烈，总是来得很突然，有时在选地方时还没有风，但扎帐篷时突然狂风大作，在大风中扎营要有足够的耐心，也一定注意不要让没有固定的帐篷被风吹走。

2. 地势原则。由于草原很少是完全平坦的，注意选址时让头部比脚部高出一点。

有时这两个原则会有冲突，为了迎风，我有时睡觉时头部比身体还低，有点儿头朝下，第二天就发现脸肿了，眼皮肿得很高。我开始以为是营养不良，时间长了才意识到是睡姿颠倒了。

晚饭吃的是从中国带来的火腿。我检查了火腿的储备，发现如果不吃别的，火腿还够吃一天，第二天必须考虑就地取材寻找食物了。

在进帐篷前，我向乌兰巴托的方向望了最后一眼，这座城市正在夕阳的余晖中逐渐睡去。这是我在蒙古国的第一夜，还将有二十几个夜晚，我也会像今夜一样在草原上度过。

第三章

从天而降的汽车城

蒙古国的汽车——从天而降的汽车城——那达慕的赛马场——志费尼和丘处机笔下的蒙古人节日——鲁不鲁乞笔下的马奶酒——蒙古草原带灵性的马匹——蒙古草原的雨季和坏天气定律——成吉思汗早期蒙古草原的部落：蒙古人、泰亦赤乌人、塔塔尔人、卫拉特人、蔑尔乞人、洪吉喇部、克烈部、乃蛮人、吉尔吉斯人——几个小城市——食品问题——警察来了——成吉思汗的祖先和童年——札木合——统一蒙古东部

第二天，7月12日，我被外面的汽车声吵醒。

天亮不久，太阳悬在乌兰巴托的上方，照亮远方众多火柴盒一样的房屋。天空湛蓝清澈，只有几朵闲云飘浮在空中，云朵随着温度的升高在逐渐解体。

此刻吸引我的已不是乌兰巴托的城市，而是从市内冲出的汽车。在来这儿之前，我总以为蒙古国是个以马匹和畜力为主要迁移手段的国度，但当我走出帐篷时，却发现道路上满是汽车，各种各样的汽车。有俄罗斯的长相怪异的小客车，也有日本进口车。日本车占了绝大部分，其中不乏各种豪车。它们首尾相连，道路上车水马龙，一刻也不停息。

由于前一天是那达慕节，大批的蒙古人驱车到首都游玩。而那达慕运动会要举行两天，今天才是第二天，奇怪的是蒙古人却纷纷开车离开了乌兰巴托。

我猜想大会虽然是两天，但也许就像中国的春节一样，只有初一是欢聚，到了

初二，人们就要开始串门或者离开了。这些出城的大军显然是那些到乌兰巴托凑热闹的人，现在正返回家去，全蒙古国的车都凑到了这儿，显得这么拥挤。

我收好帐篷，骑车并入了庞大的车流。翻过第一个小山口后，乌兰巴托已经消失在山后，山口上有一个小型的塔，竖了两根缠满了彩带的竿子。在西藏时，藏人喜欢在山口附近堆放石头，并在过山时大叫"啦索罗"。在蒙古国看见的景象仿佛让我回到了西藏。

汽车越来越多，甚至出现了堵车的势头。蒙古国的国土面积是中国的六分之一，人口却只有300多万，是世界上最地广人稀的国度之一。在城外的路上（还不是城市里）出现了堵车，的确让人感到意外。

除了堵车之外，车祸也出现了。对面开来了一辆鸣笛的救护车，在一个岔路附近，有一辆越野车掉到路边的沟里了，情况并不严重，但有人受轻伤。一位妇女正抱着吓坏了的孩子，几位老人在互相安慰着，庆幸着。

几个警察在指挥着交通，似乎把车流全往一条向北的岔道上赶，向西的大道上却很少有车了。我以为警察是在分流，不让人们走向西的路。我骑到警察面前问哈拉和林怎么走。他大概没有听清，随手指了指北方让我跟着车流走。

事后，我才知道警察并非在分流，而哈拉和林应该向西走。我实际上走错了方向，但我并不后悔。骑车向北走了几公里之后，已经到了一个小山的顶端，从小山向北望去，一个景象突然让我惊呆了：一座规模巨大的城市在远处的阳光下熠熠发光。

更神奇的是，如果仔细看，这座城市竟然没有一间永久性的建筑，它一半由汽车组成，另一半是帐篷。后来我才知道，这是一座临时性的城市，只存在一两天，就会消失得无影无踪。只有体会到这种城市的神奇，才能体会到游牧民族的真谛。

在阳光下闪光的就是那上万辆的汽车，我早上看到的巨大车流都开到了这里，在空地上一行行停得整整齐齐。警察在指挥交通，停好车后下来的人们带着行李和吃的，到谷地的另一侧搭上一个小帐篷，帐篷区里人头攒动，小商贩来回地做着生意，在帐篷区的边缘还有专门的饭店区，里面也挤满了穿着民族服装的蒙古人。

在一座小山的另一侧，升起了巨大的气球。那儿才是此处的主角：那达慕的赛马场。

蒙古国的那达慕大会除了在乌兰巴托比赛摔跤之外，还包括设在不同地方的射箭、赛马。作为马背上的民族，马匹就像是蒙古人的另一半灵魂，赛马也以它的观赏性和实用性成为那达慕最热闹的会场。

那达慕的赛马场在乌兰巴托以西的空地上，而我误打误撞恰好找到了这个一年中最热闹的所在。

在我来蒙古国之前，就有人提醒我，如果要了解蒙古人的精神，一定要看一场他们的赛马。这里不仅可以观察赛马本身，还是了解他们生存方式的最好地方。根据各种记载，游牧民族的城市大都是由移动的马匹、帐篷组成，也许这里今天还是城市，第二天就变成了草原，人们离开后什么都没有剩下。

而我现在见到的景象，除了汽车是最近一百年才有的之外，其余的一切活动都已存在了上千年。

在蒙古帝国时代，这样的活动就很有名。一旦到了节日或者庆典，大批的蒙古人骑着马赶着车来到现场，草原上立即成了一个巨大的游乐场。哪怕是大汗登基的场合，也绝非一片严肃，蒙古人总是把选举和狂欢结合起来，在会场上充满了酒精的温度，射箭、骑马等竞技，以及私下里的宴饮和游戏，构成了当时蒙古政治生活的一部分，人们很难把蒙古的政治、经济和欢乐分开。

蒙古征服中亚后，中亚人志费尼写了一本史书《世界征服者史》，属于较早记录蒙古人历史的书，其中大段大段地记载了蒙古人的政治性宴游活动。

根据志费尼的记载，成吉思汗死后，他的儿子窝阔台继承了合罕之位。在选举期间，除了讨论窝阔台的继承问题之外，也是成吉思汗家族难得的聚会机会，于是人们聚在一起畅饮了四十天。当然，这四十天里除了饮酒和讨论政治，也免不了体育竞技。一块成吉思汗时期的石碑上，记载了一位可能是他女婿的人在这样的盛会中射箭获胜的故事，那人为了庆祝甚至专门刻了石碑，流传到了现在。

志费尼更是花了大量笔墨记载窝阔台灭掉金国之后，举行第二次全蒙古大会时的热闹场景，从他的叙述中，我们可以看到当时蒙古人是如何把政治和享乐、经济结合得如此完美：

　　慷慨如哈悌木，仁爱如胡思老的皇帝，征服契丹后，得胜返回他的驻地；他遣往征伐世上诸国的王公、异密，也达到他们的目的和目标，怀着胜利的喜悦班师回朝。这时候，他目光远大，再次召集他的诸子和族人，跟他们共同商讨，以确保新旧札撒和法令的实施，再遣师征伐宜于攻打的国家，并且让王公及军士、贵人和贱民，分享他春雨般的恩赐。因此，他遣使宣召他们，他们就都离开他们的驻地，前往朝廷。……当大地变成了一座伊剌木园，花瓣因云彩的博施，宽宏大量如国王的气魄，诸天的眷顾使人间披上五颜六色的衣袍，树木和枝叶饮下幸福和绿色的汁液——

春天用露珠调制的花髓，
替它的祗第织一件花缎衣裳。
天空在它上面倾落泪珠般的细雨，
它在清晨代替群星，露出笑容，
披一件绿袍，其刺绣饰有罗勒花，
缀一颗黄珠而显得富贵。

——众王公抵达合罕的宫廷。这次盛会，好比与明亮的满月幸会的昴星，绚丽光灿。正是，

他们在长期分别后重聚在幼发拉底河畔。
他们使族人的牧地再变肥沃，
使调情的花园芳草如茵。
前来的尚有很多那颜、异密、大臣，地方官吏。

　　世界的皇帝很尊崇礼敬地欢迎他的兄长和叔伯，而对他的诸弟、子侄，如同他的子女，甚至如同他的片片心肝，他示他们以殊恩宠幸。接连一月，他和同心同德的族人一起，在举世无双的亲属的扶持下，不分朝夕、晨昏，尽情宴乐，饮干貌美侍儿递上的酒杯。他们心里渴望虚幻命运的果实和花朵，也就是说，享受人间的欢乐。与会者及宫内的人，在合罕皇恩的庇护下，过了几天美好愉快的日子，这有神

的力量和行动所支持,而且符合我在哈剌和林听见的如下的四行诗:

啊,人生确实仅有寥寥数天的光阴,

即使整个世界帝国,对这寥寥几天又有何意义?

尽情享受你的一份生活吧,

因为这寥寥数日即将消逝。

然后,一如既往,按照惯例,合罕把国库大门打开,把第一次忽邻勒塔以来从各地征集的珍宝,统统赏给所有与会者,有族人,也有百姓,像春云用雨水滋润草木,赐给大小人物。

在不幸的时刻,你的手指倾泻着施舍物,

大地的子民因淹没在其中而大声呼救。

商人、投机者、寻求一官半职的人,来自世界各地,都达到他们的目标和目的后归去,他们的愿望和要求得到了满足,而且所得倍于所求。多少穷人富裕起来,多少贫民发财变富!每个微不足道的人都变成显要人物。

志费尼的记述充满了诗意和文学修养,将蒙古统一帝国时期(分裂成四大汗国之前)最富有情调的一段时光展现在我们面前。成吉思汗的创业期是艰苦的,而第三任大汗贵由之后,蒙古的政治则充满了家族内斗和阴谋,只有第二任大汗窝阔台时期的蒙古,已经褪去了那股蛮劲儿,又没有因为兄弟情尽而人心涣散,这时候的宴乐也是最华丽的。

除了志费尼的记述之外,我们还有一位来自中国的记录者,道士长春真人丘处机。与伊斯兰文化的华丽铺陈不同,汉语文献以简洁干练出名。但不管如何简练,《长春真人西游记》还是记载了蒙古人的风俗。

丘处机在刚进入蒙古不久,就目睹了一次蒙古贵族的婚礼。书里记载蒙古人如何把一次婚嫁变成了宴饮的机会:

五百里内首领,皆载马湩(即马奶酒)助之。皂车毡帐,成列数千。

短短二十个字，却与我见到的景色多么相似。如果将汽车换成马匹和马车，就完全一致了。

眼前的汽车也是"成列数千"，在警察的指挥下，蒙古人把汽车一排排停好，而在不远处的帐篷区也显得错落有致，保留着上千年的风俗。

还有马奶酒，几位老人带着大桶装着酒，在路边叫卖。在抵抗住前一天的诱惑之后，我终于没有通过今天的考验，买了一瓶马奶酒。在世界上，大部分的酒精饮料都是利用植物性糖分进行发酵，只有蒙古人的马奶酒用的是动物性的糖分。如果一个人喝不惯，会发现它只是一种非常酸的白色液体。但在古代的蒙古，当葡萄酒和中国地区的蒸馏酒还没有到达这里的时候，好酒的人们只能利用马奶酒来产生晕眩的感觉。

蒙古第四任大汗蒙哥时期，法国国王圣路易（路易九世）曾经派遣方济各修士鲁不鲁乞前往哈拉和林拜见蒙哥。鲁不鲁乞以他无与伦比的观察能力为我们记叙了蒙古的见闻。他甚至专门辟出一章来讲马奶子的做法：

忽迷思，即马奶，是用这种方法酿造的：他们在地上拉一根长绳，绳的两端系在插入土中的两根桩上。在九点钟前后，他们把准备挤奶的那些母马的小马捆在这根绳上。然后那些母马站在靠近它们小马的地方，安静地让人挤奶。如果其中有任何母马太不安静，就有一个人把它的小马放到它腹下，让小马吮一些奶，然后他又把小马拿开，而由挤奶的人取代小马的位置。

就这样，当他们收集了大量的马奶时——马奶在新鲜时同牛奶一样的甜——就把奶倒入一只大皮囊里，然后用一根特制的棒开始搅拌，这种棒的下端像人头那样粗大，并且是挖空了的。当他们很快地搅拌时，马奶开始发出气泡，像新酿的葡萄酒一样，并且变酸和发酵。他们继续搅拌，直至他们能提取奶油。这时他们尝一下马奶的味道，当它相当辣时，他们就可以喝它了。人在喝马奶时，感到像喝醋一样刺痛舌头；喝完以后，在舌头上留有杏仁汁的味道，胃感到极为舒服。它甚至使那些不具备一个非常好的头脑的人喝醉了。它也非常利尿。

鲁不鲁乞记载的一个数字可以说明蒙古人对马奶子的需求量。金帐汗国的开拓者拔都一天至少需要3000匹马的马奶子，由30个人专门为他供应，每个人至少要保证100匹母马的供应量！

帐篷区的孩子们打着排球、放着风筝，大人们练习着射箭、准备着午餐。恋人们牵着手、穿着漂亮的衣裳，有的羞涩，有的落落大方。

在来蒙古国之前，我对蒙古族女孩的印象往往是这样的：大脸庞，眼睛较小，眼距开阔，身体微胖，如果从审美的角度来看并非最佳，但从繁衍和劳作的角度，世界上恐怕没有多少民族能超过蒙古族女人。但来到这儿，我才意识到这样的看法很片面，大概几百年来，传教士们、道士们、将军们都在不厌其烦地向我们灌输这样的观点，但实际上，漂亮的蒙古族女孩到处都是。她们的容貌颇为动人，身材强健却不粗壮，丝毫没有柔弱的病态。

日头升得更高时，更多的人向着赛马区跑去。所谓赛马区，是一片在山后的小平地，人们在那儿设了一条跑道。跑道的两侧拉上了绳索，绳索旁是免费的观众席，由木板临时搭成，绵延上千米。几层的观众席上挤满了人，我甚至担心会塌下来。由于自行车没地方放，我只能扶着车，站在观众席旁的绳索旁观看。过了一会儿，自行车上已经挤满了兴奋的孩子，他们有的坐着，有的冒险站在车座上，还有的在下面不断催促着上面的孩子下来好换人。

赛道上来了十几位骑手，他们有的穿着传统的蒙古服装，有的穿着成吉思汗时期的战士服装，有的穿着现代的军人礼服，这样一支队伍给人穿越时空的感觉，将蒙古上千年的历史串连起来。

接着是远处穿着粉红色衣服的仪仗队。最后，比赛开始了。最初进行的是射箭比赛，骑手们必须在跑动中从马上将箭射到靶子上，再从背后抽出更多的箭，重新搭弓，瞄准前面的箭靶。一路上动作必须一气呵成，否则就可能错过几个靶子。除了单人射箭，还有双人射箭、障碍赛等。

当蒙古人从马上下来时，他们显得那么普通，仿佛是老实巴交的邻家大哥，但骑到马上却显得英姿飒爽，人们不禁鼓起掌来。

几位欧洲的游客也挤了上来，他们首先看见了我，对于能遇到一位自行车骑手感到诧异。一位女士甚至把一个话筒夹到我的衣服上，边录像边和我聊天。她一开始把我当成蒙古人，后来才知道我是中国人。他们已经游完了蒙古国，第二天就准备离开乌兰巴托。

"你要骑到西部去吗？那可够你受的。到哈拉和林的路还不错，接着就惨了。"一位男士好心好意地提醒我。

正在这时，人群突然骚动起来，原来在我们的头顶上飞来了一架直升机，几个人从飞机里跳了出来，打开了降落伞。有的人脚下还挂着一面蒙古国的国旗，有的带着发烟器向外喷着彩色的烟雾。草原上的人们很少见到跳伞表演，人们的情绪逐渐沸腾起来。

对于爱好足球的人来说，蒙古国的国旗颜色很像巴塞罗那的球衣。前一天在乌兰巴托时，我看见一个老外穿着一件红蓝箭条衫，连忙喊了一句："Hi，巴塞罗那。"那老外没有反应，我又喊了一句。他终于回头，用奇怪的眼光看着我。事后我才想起来，他穿的不是巴塞罗那的球衣，而是蒙古国的国旗。

由于下午还要赶路，我在餐饮区匆匆找了一家摊位。我甚至不知道这家是卖什么的。当老板娘问我要吃什么时，我抬头看了看旁边桌上，一对年轻人正在吃一种类似于羊肉合子的东西。姑娘看见我盯着她们桌上，连忙用英语告诉我 1000 图一个。我点了三个羊肉合子，花了 3000 图，大概折合人民币 13 块钱。

然而羊肉合子并不大，我没有吃饱。蒙古国馆子里的食品价格并不便宜。我只好靠自己带的中国火腿，匆匆填饱肚子上路了。

到此刻，我还没有找到既能吃饱肚子又价格合理的办法。由于蒙古国缺水，每天我必须买至少三升水，天热时甚至需要四升。在西藏时由于水源充足，我可以直接在自然界找水，但蒙古国的地表比西藏干燥得多，即便能找到小河，河水经过无数牲口的折腾，也大都是混浊的，甚至带着一股牛屎味。为了生存，只能买饮用水，每天平均水费需要 10 元人民币。

而吃上，即便一顿饭吃七八个羊肉合子，也很难填饱我的肚皮，更何况还不是处处都有羊肉合子。显然，依靠蒙古国的馆子是无法解决吃饭问题的。到底该怎么办？只能走一步看一步了。

我骑车从汽车城离开时，向来时的岔路口前进。我发现来时的路已经被更多的汽车死死堵住，警察们汗流浃背地指挥着错车，到底还有多少人要来啊？

当天，我还在路上看到一群马。蒙古草原的马是有灵性的，当我经过时，这群马正在向一匹即将死去的小马告别。小马静静地躺在离路不远的草原上，或许因为身子弱，或许得了病，它正在离去前做最后的挣扎，只能从偶尔蹬动的腿看出它还活着。其余的马匹聚在一起，显得悲伤不已。一会儿，一匹成年马走了出来，来到小马的面前，用鼻子嗅一嗅小马的身体，再转身回到马群之中。过了一会儿，另一匹马从马群里出来做同样的慰问。整个过程如同一部忧愁的无声电影，感人又宁静。

如果没有蒙古马，成吉思汗根本不可能征服世界。

这里的马看上去并不健壮，甚至比欧洲马的个头要小，但它们却是能吃苦的动物，身材灵活，不挑食物，能够在半干旱的气候中生存。它们的奔跑姿势不够优雅，却速度极快。蒙古人打仗时，一个人往往会备几匹马轮流骑，以适应快速的机动战争。可以说，在出现机动车辆前，在蒙古草原，马的地位就像现在的坦克和装甲车。

如今，汽车的发展让其他国家已经不再需要众多的马匹，可在蒙古国，数量庞大的马群仍然在草原上自由自在地生活着。它们甚至也享受到了现代科技的好处，牧民们买的小货车除了运货之外，一个很大的用途就是运送马匹。在路上，我经常会看到转移草场时拉马的车辆。蒙古国的马匹仿佛知道主人是为了它们好，便在车上静静地待着，被送往远方。

当天下午，我第一次进入蒙古人的馆子。我的异域文化适应期仍然在继续。馆子里的服务生用很流利的英语和我交谈，他告诉我他有个朋友是我国台湾地区的女孩子，他们经常通电话，他想去台湾玩。

我告诉他，台湾有非常漂亮的海滩和不少好吃的，并希望他有朝一日也能到中国大陆去。

不过馆子里的食物却并不便宜。一碗带汤的饺子价格将近20元人民币，可如果要填饱我饥肠辘辘的肚子，至少需要三四碗。我又买了十个羊肉合子，每个700图，吃了一半，剩下的带在身边当夜宵和第二天的早饭。这里的啤酒多种多样，我忍不住在旁边的小店里买了一瓶2.5升的啤酒。看着这个如同炸弹一般的庞然大物，我的心里暖洋洋的。

馆子所在的小镇叫隆（Lun）。从小镇出来，过了一条很美的小河，道路延伸进一座山。白天一整天，大地上都是一片阳光，天空中只飘着很少的云丝，但到了傍晚竟然阴了天，快要下雨了。不远处的山上还打着雷。

在旅行中我唯一惧怕的就是打雷。骑行西藏时，有一天晚上我扎营在雷暴之中，四周的闪电一条条落下，闪电和雷声之间不超过半秒钟。第二天清晨，我从帐篷里出来，望着晴朗的天空，庆幸着大难不死。从那以后，我就得了闪电恐惧症。我不怕雷声，却怕被劈死，所以一听到雷响，必定远远地绕着走。

但这次，车轮下的路却向着雨区和雷区延伸，我感到惴惴不安，又不甘心停下扎营，总以为再坚持一会儿就可以翻过山去扎营。结果犹豫不决中，我没有翻过山去，反而把营扎在地势很高的山坡上，前方已经开始有了雨滴，风也很大，雷声隆隆，所有倒霉事儿都凑在了一起。躺在帐篷里时，我还在祈祷着雷声不要靠近。这是我在蒙古国的第二夜。

事后，我才熟悉了蒙古草原的雨天。由于夏天是蒙古草原的雨季，之后的我几乎天天遇到雨，有时候是早晨，多半是在下午，还有的是在夜间。最多时一天可以遇到四五场雨。

与西藏一样，这里的雨也是分块的，在同一片天空下，可能这里在下雨，而那里就是晴天。

蒙古国的恶劣条件还总是扎堆，我总结了一条非常准确的坏天气定律：上坡、烂路、雷雨、大风，这四个霉神喜欢扎堆出现，当你碰到一个时，其他三个就在不远处等着呢。

蒙古草原的恶劣天气也给古代来访者留下了深刻印象，主要包括两个方面：第一，夏季里数不清的雷雨；第二，更糟糕的是冬季里的严寒，冰天雪地如同科幻世界里的死星一样无趣。

人们总是感慨：这样的地方怎么能够产生一群征服世界的人？他们看上去那么野蛮，又怎么能有如此雄才大略，与文明世界对抗？这个谜一样的问题始终困扰着古今历史学家。

趁在帐篷里，我可以回顾一下蒙古人早期的历史，这或许可以部分解答上面的问题。虽然我没有去成肯特山，没有到成吉思汗早年的景点去朝圣，但这并不妨碍我谈论他早年对蒙古的统一。

成吉思汗之前的蒙古是由许许多多的大小部落组成的，甚至，很难说这所有的部落都认同他们属于同一个民族。游牧部落永远处于兼并和重组过程之中，有的部落被消灭了，从此消失在历史的长河之中；有的并没有被消灭，只是合并进更大的部落，他们的人也没有消失，却失去了原来的名称，以另外的名字流传于世。

作为蒙古最主要组成部分的本部，在成吉思汗之前并非最主要的部族，在它的四周分布着一系列的强权。

如今在蒙古国最东部，靠近中国东北大兴安岭的地方，居住着洪吉喇部，这个部族之所以被人们记住，是因为成吉思汗的妻子出生在这里。紧挨着洪吉喇部的西面，克鲁伦河以南，则居住着强大的塔塔尔人。在成吉思汗时代，塔塔尔族并不被认为是蒙古族的一部分，但当它被征服后，剩余的人口显然并入了大蒙古种族范围之内。

对于蒙古人来说，塔塔尔族之所以可恶，在于他们之间有世仇，塔塔尔族曾经与金朝联合攻打北方的游牧民族，把成吉思汗两位直系祖先俘获并送往金朝处决了。成吉思汗的父亲也速该也是被塔塔尔人毒死的。

塔塔尔的西北方，在克鲁伦河、图拉河和斡难河的河谷，就是成吉思汗蒙古人的地域了。不过，成吉思汗的父亲也速该死后，蒙古人的一支泰亦赤乌人立即分裂了，他们认为也速该的后代都太小，连自己都保护不了，于是将前任首领的子嗣驱逐出去，单独拔营离开了。这样就只剩下成吉思汗的母亲带领着几个未成年的儿子过日子。他们面对的不仅是自然，还有凶恶的敌人。

蒙古本部的北方还有两支不容小觑的势力，分别是分布在最北方贝加尔湖北岸的卫拉特人，以及南岸的蔑尔乞人。

这样，蒙古人（包括与成吉思汗敌对的泰亦赤乌人）、塔塔尔人、卫拉特人、蔑尔乞人和洪吉喇部，就构成了整个蒙古东部的政治版图，也就是如今乌兰巴托以东的地带。

而我骑行的蒙古西部当时则有两个强权。最大的强权属于一个叫作克烈部的部落，克烈部的首脑叫脱忒邻勒，后来以王罕著称于世。脱忒邻勒是成吉思汗父亲也速该的安达，因为脱忒邻勒曾经在家族内斗中被迫逃亡，在最无力的时候得到过也速该的帮助并复位。他的存在对于年幼的铁木真（成吉思汗）来说是件好事，可以帮助他站稳脚跟，打败东部的敌人。但显然，成吉思汗如果要想称霸蒙古，把西部也纳入势力范围，也必须迈过这位父执的身躯，征服克烈部。

克烈部居住在杭爱山以东地区最肥沃的土地上，蒙古最著名的厄尔浑河谷就处于克烈人的控制之下。后来蒙古名都哈拉和林就在厄尔浑河谷，也是我接下来的目的地。

克烈部以西，也是杭爱山以西，则是更加凶狠的乃蛮人。乃蛮人几乎是一切蒙古部落的敌人，在成吉思汗之前，他们也不被认为是蒙古人。乃蛮人的中心在现在的乌里雅苏台和科布多地带，这两个地方后来成了清朝统治蒙古时期的政治和军事中心，也是我接下来要经过的地方。

从文化上来说，克烈部和乃蛮人比成吉思汗蒙古人要先进得多。克烈部是一个信奉基督教（至少上层人士信仰基督教）的民族。在历史上，中国从唐代开始，基督教的一支——景教——就传入了中国。

7月13日，夜间下了一场小雨，我所担心的天雷也没有掉到我的帐篷上。天亮时，虽然天气仍然阴沉，但在我收帐篷的时候并没有下雨，可收好之后雨又开始了，我已经穿上雨衣上路了。

过了前面的山口，我把车停在了一个蒙古包前，进去吃了早饭和午饭。一小碗牛肉面的价格是4000图，约16元人民币。还是吃不饱，我仍然没有找到解决吃饭问题的好方法。对于蒙古国的普通人来说，馆子是一个高消费的地方，不是为了吃饱的。

此刻，我从国内带来的火腿只剩下两根，如果吃完，就必须依靠蒙古国境内寻找的食品了。由于骑车消耗很大，我希望能找到禁饿、同时又含有较高能量的食品，最好是肉食。在西藏时，最好的骑行食品是压缩干粮和风干肉，压缩干粮必须是上海冠生园产的供应部队的产品。100克风干肉加上600克左右的压缩干粮，就可以保证一天的能量消耗。但在蒙古国，我还没有发现类似的食品。

中午之前，我又吃了一根火腿。我的自行车驮包里只剩下一根火腿了，另外还有半大瓶啤酒，约1.5升，这就是我所有的储备。进入骑行的第三天，我的食欲已经完全打开，消耗也越来越大，食品问题迫在眉睫。另外，根据估算，我最迟将在第五天早上，很可能是在第四天下午到达哈拉和林。这座城市以西将更加荒凉，如果不在这之前解决食品问题，将来会更加麻烦。

除了乌兰巴托，蒙古国的城市都非常小，后来我才知道，即便是所谓的省城，也只不过和中国的村子规模差不多，最多只能算是个小型乡镇，在这样的地方寻找补给到底会怎样？

前方到达了中央省的最后一个城市额尔德尼桑特（Erdenesant）。我骑行的路线是从乌兰巴托到中央省，再从中央省擦过布尔干省的边缘，进入前杭爱省，哈拉和林就在前杭爱省的厄尔浑谷地里。

额尔德尼桑特是一个路边的小镇，有几家饭店和商店。这里也是一个游客聚集的地方，从乌兰巴托包车前往哈拉和林和库苏古尔的游客们都要在这里吃午饭。我希望还能找到羊肉合子，但问了几家，都已经卖完了，只剩下更不禁饿的汤汤水水。

我失望地离开了饭店，到一家路边的商店里搜寻。在这儿，我看到了成包的如同中国月饼一样的糕点，每包1千克，3000图，大约折合人民币15元。我买了两包，准备路上靠它充饥。在出门时，突然发现货架上放着几个罐头，这些罐头来自俄罗斯，包装上画着不同的鱼，看上去都来自海里，每个罐头250克，2000图，不到人民币10块钱。我随手买了两个鲱鱼罐头。

离开额尔德尼桑特，我靠新买的糕点充饥，舍不得吃剩下的最后一根火腿了。至于罐头，到了晚上扎营后再吃。

下午到达了一个叫拉尚特（Rashaant）的地方，拉尚特附近有一个废弃的寺庙群，据说，清朝时期，准噶尔人噶尔丹从新疆进入蒙古，去攻打喀尔喀四部时，占领并烧毁了这座寺庙。在路边的形状奇特的小山旁，我试图寻找那座寺庙，搜寻了很久，才被告知寺庙还在北方十几公里之外的岔路上，只好放弃前往。

关于噶尔丹和准噶尔的故事，在后面还会提到。在北方，还有一座契丹人的城市遗址，也被我一并放弃了。

从拉尚特出来不久，天色已晚，天气又开始变差，我的前方又开始出现大面积的雷雨区。吸取了昨天的教训，我提前半个小时扎了营。这是一个非常正确的决定，我搭帐篷时天气还平静，但刚搭好帐篷钻进去，一阵妖风袭来，顿时我的帐篷随风飘摇，如果晚一点儿，我可能就搭不起来了。

在帐篷里，我把啤酒拿出来，边吃月饼边喝啤酒，并打开了一个俄罗斯鲱鱼罐头。这是我在蒙古国吃的第一顿满意的晚餐。在来之前我无论如何也想不到，在蒙古国这样的内陆国家，性价比最高的食品竟然是海鱼罐头。

我满意地吃完了罐头，喝掉了一大半啤酒，在微醺中躺着，等待着外面风的结束。我决定从明天开始大规模搜集罐头，如果每天能吃两个罐头，加上足够的糕点，就能够解决吃饭和能量问题，至于人体必需的维生素，可以通过不时购买点饮料解决。

当晚，天色全黑之后，风已经停了。突然外面喇叭大作，我拉开帐篷的拉链探出头去，一个人坐在汽车里用车灯对着我的帐篷，猛按着喇叭。我从帐篷里出来，那人对着我大喊："Police！"

可惜这就是他会的唯一一个英文单词。接下来的交流充满了痛苦。他的嘴巴里带着酒气，也没有让我看证件，我不知道这个人的身份真假，却不想惹麻烦。

他示意我拿出证件。

"Passport？"我问道。

他点了点头。

我回帐篷拿出了护照。他检查了半天。"China？"他说。接着他开始做各种动作吓唬我，用手在脖子上比画了一个割喉的动作。我哈哈笑着表示不会的，蒙古人非常友好。

他又说了些别的，似乎是在问我为什么不去拉尚特休息，而是选择搭营。我回答我喜欢搭营，反正他也听不明白。

两个人比画了一通，就成了朋友。这个酒鬼大概是压下了要钱的念头，善意地和我再见，他热情地把护照还给我，友好地打灯请我先回帐篷，才恋恋不舍地开车离开。

这是我第一次碰见酒鬼。几乎每个来蒙古国的人都碰到过酒鬼。但这次，他做的割喉动作还是提醒我小心，在接下来的几天，我都有意避开城镇的旁边扎营，尽量选择没人的地段。直到到了西部，我和当地人打成一片时，才故意选择在离人近的地方过夜。

那人走后，天空又下起了小雨。夜间是怀念过去的好时候，我迅速又回到了成吉思汗早期的金戈铁马之中。

铁木真年幼时，他的父亲也速该在路上遇到了一群塔塔尔人，塔塔尔人请也速该喝酒，暗中在酒里下了毒，也速该离开不久就死去了。他死时留下了妻子和七个幼小的孩子（六男一女），而铁木真是他的长子。

父亲去世后，本来与父亲所在的乞颜族结盟的泰亦赤乌人选择了离开，泰亦赤乌人从远祖上或许与铁木真家族同宗，但到了也速该时期，与乞颜族同胞的情分已经很淡了。而铁木真的叔叔们也离开了这群孤儿寡母。

这段时间是铁木真最黑暗的时期。他被泰亦赤乌人抓住，甚至差点儿被杀害，若不是他朋友赤老温的父亲帮助，也许这个试图征服世界的人还未成年，就死在泰亦赤乌人的手中了。

历史仿佛和我们开了个玩笑，它给当时的人们抛出了一个问题：看见了吧？那儿有个寡妇，带着七个孩子，无依无靠，也没有人跟随，你们猜一猜，这七个孩子能有多大的出息？

当人们接受这个问题时，恐怕没有人会给出准确的答案。不仅铁木真一家在蒙古人中处于边缘地位，就连蒙古人在整个草原上也是边缘族群，而蒙古草原在整个人类文明的版图中同样微不足道，当时的文明中心在罗马、君士坦丁堡、巴格达和开封，游牧民族甚至连个固定的中心都没有，他们是逐水草而居的。

仿佛铁木真还没有倒霉够，历史继续开着他的玩笑。这次是要用铁木真的妻子来羞辱他。铁木真的妻子孛儿帖来自洪吉喇部，他们的婚姻是父辈指定的娃娃亲。铁木真长大后，孛儿帖的父亲遵守前约，将女儿出嫁。但他们的婚姻没有持续多久，危机就到来了。

让铁木真倒霉的是北方的蔑尔乞人。铁木真的父亲曾经把蔑尔乞人的女人强行抢过来当老婆，也就是铁木真的母亲诃额伦。现在，蔑尔乞人决定把铁木真漂亮的妻子抢走。他们催马来到时，铁木真发现自己连妻子也救不了。

这个可怜的家族只有九匹马，分来分去发现不够分的，年轻的孛儿帖被丈夫硬生生丢下，被蔑尔乞人抢走当了老婆。九个月后，孛儿帖生了一个孩子，这就是金帐汗国的创建者术赤，铁木真甚至搞不清这个孩子是不是他的。

到这时，这个窝囊的男人已经倒霉到了极点，即便是文学家也舍不得再判他新的磨难了。果然，仿佛腾格里老天爷开了眼，铁木真突然转运了。

蒙古人对于老天爷的信奉可谓无处不在。他们把老天爷叫作腾格里，即便到了后来，蒙古人征服四方，人们纷纷谴责蒙古人嗜杀的时候，他们也是这样辩解的：这一切都是腾格里的安排，我们只不过执行腾格里的意思，有抱怨不要找我们，直接找老天爷去！

他们之所以如此信奉腾格里，或许和开拓者经历的命运无常有关。

铁木真的第一次转运竟然也和他的妻子孛儿帖被劫有关。受辱的男人决定夺回自己的妻子，开始寻找盟友发动战争。由于他的部落只剩下几个兄弟加上妇女，他不得不求助于外来的帮助。这些帮助来自他结交的安达札木合，以及他的父执、克烈部的头儿脱忒邻勒。

三人的联军向东北方的蔑尔乞人发动了进攻，夺回了孛儿帖。对于孛儿帖的大儿子术赤，铁木真坚持认为他是自己的儿子，后来把帝国最靠西的疆土封给了他。之后，孛儿帖为铁木真生下了察合台、窝阔台和拖雷。窝阔台继承他成为第二代合罕，窝阔台的儿子贵由是第三代，拖雷的儿子蒙哥和忽必烈成为第四代和第五代合罕，接下去，蒙古帝国分裂了，再也没有能够号令全局的大汗。

这次夺妻之战给成吉思汗带来了一个意外的收获：他的作战能力得到了父老乡亲的认可。人们发现他不仅挺能打仗，还能拉拢到脱忒邻勒那样的蒙古伟人做盟友。此时，他的几位叔叔已经归附了他，其他的部落也慢慢地归附。他再也不是那个形只影单的少年，而是一个可以肩负起保卫部落重任的头人了。在最初的归附中，克烈部脱忒邻勒的同盟关系一定是一个巨大的招牌，札木合的帮助也增加了铁木真的威望。

这位曾经在三河谷地东躲西藏的蒙古少年如今把这里当成了他的领地，于是就有了蒙古人承认的第一个都城德勒格尔汗。

在德勒格尔汗附近的一个小湖边，人们第一次拥戴铁木真为部落首领。《蒙古秘史》记载了详细的地址：布尔罕山前古连勒古山内的桑沽儿小河旁的合剌主鲁格小山上的阔阔淖尔旁边。现代蒙古人按图索骥，认定就是现在的浩赫湖。

虽然这个湖叫浩赫湖，但实际上这个圆形小湖的直径不超过500米，是个超级小的湖。只因为它和成吉思汗联系在一起，便成了崇拜者们朝拜的胜地之一。

另外，蒙古人还相信成吉思汗出生在达达勒，并定位此地在蒙俄交界附近。这样，达达勒、浩赫湖及德勒格尔汗就成了乌兰巴托以东三个最主要的朝圣地。

当成吉思汗成为部落首领之后，他接下去要做的是统一蒙古。而为了统一蒙古，他必须与以前的敌人、朋友、父执作战，击败他们，把他们纳入麾下。他的蒙古统一战争最先从东部打响，也遵循了远交近攻的原则。而对西方的克烈部，他保持着友好和同盟关系，甚至继续靠着克烈部来壮大自己的实力。一次，克烈部的内斗让脱忒邻勒差点儿倒台，多亏了铁木真，他才恢复了王位，铁木真也借着这些事件再次提高了威望。

东部的豪强中，塔塔尔人是他永恒的敌人；蔑尔乞人有过夺妻之恨；卫拉特人距离遥远，暂时不需理睬；洪吉喇部是铁木真妻子的部族，联盟成分大于敌对成分；同属于蒙古族的泰亦赤乌人距离更近，也是铁木真的反对者。

对于塔塔尔人的进攻来自一次联合，铁木真与女真的金朝联盟，并拉上了西部的脱忒邻勒一起讨伐塔塔尔儿人。这次联军奏效了，塔塔尔人灭亡。当初塔塔尔人曾经与金朝联合击败了铁木真的祖先，现在轮到他们品尝苦果了。这次的战争使得金朝给脱忒邻勒加上了王罕的称号，使他成为蒙古西部的霸主，也注定了他和铁木真在未来必有一战。

击溃塔塔尔人之后，东部诸强突然意识到，在蒙古大地上已经出现了一个前所未有的政治联合体：铁木真和王罕（脱忒邻勒）。他们已经足够强大到挨个儿消灭剩下的部落。洪吉喇人、蔑尔乞人、泰亦赤乌人联合起来，开始对抗铁木真。但他们的联军被铁木真和王罕打败了。

在铁木真统一东部的战争中，一个意想不到的敌人出现在面前，他就是铁木真曾经的安达札木合。

如果说东部还有什么人能够和铁木真抗衡，那就是札木合这个青年将领。他也有着和成吉思汗同样的野心和才能。当铁木真在浩赫湖边被推举为首领的时候，札木合也组织了一个部落联盟，包括了上面对抗铁木真的所有东部部落，札木合自称古尔汗，与铁木真决裂。显然，铁木真和札木合这两个青年英雄，谁在对抗中胜出，谁就拥有蒙古东部的统治权。

最终，铁木真胜利了。札木合逃走进入了西部，投靠了王罕的儿子桑昆。铁木真乘机歼灭了塔塔尔的余部，归并了东部的大部分部落。除了北方的蔑尔乞人一部、卫拉特人之外，其余部落都统一在一个首领的麾下。自从回鹘人和吉尔吉斯人及契丹人撤离蒙古之后，这样统一的东部还是第一次出现。此时的铁木真已经拥有足够的实力，去和西部的霸主克烈部王罕及更西部的乃蛮人对决了。

第四章

哈拉和林之殇

蒙古草原地形：小盆地对文明的意义——游牧部落的形成——斯基泰人、匈奴人——班固的《封燕然山铭》——匈奴人如何促成了印度贵霜王朝的建立——西匈奴冲击欧洲——奇特的动物雕像——巨大的厄尔浑谷地——突厥帝国和回鹘帝国——突厥人的石碑——喀喇契丹和花剌子模——蒙古人兴起之前的蒙古草原——遇到中国工人——欧洲人鲁不鲁乞记载的蒙古首都——哈拉和林今日——阿巴岱汗建立的额尔德尼昭寺——成吉思汗和王罕的对决——统一蒙古——浩吞特小镇遭遇警察——扫荡小镇商店——中国境内的元代三都——马可·波罗和鄂多立克笔下的元代首都

7月14日晨，醒来时天空仍然阴云密布，到了中午天空才再次放晴。下午时分晴空万里，傍晚时云彩开始增多，夜间大部分时间会有雨或者露水。如此循环，几乎成了蒙古国中部夏天的天气规律。

除了天气规律，这几天我还发现了蒙古草原地形的规律。或者说，为什么蒙古地区会成为草原游牧部落的故乡？为什么会出现大大小小无数的部落？这一切皆要从它的地形说起。

在前几天我骑车时，每隔几十公里就要经历一个小坝子。所谓小坝子，就是小盆地，这些坝子的周围是一圈山，坝子长宽从几千米到几十千米、上百千米不等，圈在山中间的土地面积也从上百平方千米到数百平方千米、数千平方千米，甚至上

万平方千米不等。

每一个坝子的内部都是平缓而连续的草原，要想骑马从这个坝子前往另一个，必须翻山才能到达。我骑自行车时，往往先经历一个上坡的过程，到达一个小山口后，就看到了对面坝子的广阔平原，接着是一个下山的过程，不用蹬脚踏就可以滑行数公里甚至十几公里。路的两侧就是坝子内部的小平原，而在左右两边更远处，则是圈定了坝子的两道山岗。当路经过了坝子底部的最低点，接下来的数公里、十几公里、几十公里又是上坡时间，直到上到另一个小山口，就进入了另一个坝子的小世界了。

也不是每个坝子都是规则的，有的坝子类似于圆形，有的是长圆形，而有的中间还有一条横亘的小山，把坝子分成几部分，有的周围的山带有缺口，这样的坝子就比较容易进入，相应地，生活在里面的人也更容易受到攻击。

每一个坝子就是一个草原部落天然的界线。即便到了现在，草原上的牧民仍然以坝子的自然边界来确定草场的位置，而在古代，由于缺乏交通工具，坝子周围的山更是难以逾越的障碍。

所以，一个有着血缘关系的游牧群体往往占据一个这样的小盆地，并派人在四面山上最高的地方把守，就控制了整个坝子的使用权。部落就是这么形成的。但这种依靠天然地理界线形成的部落却有另一个特点，由于每一个坝子的大小是不同的，每一个部落都试图占领较大的坝子，或者较大的坝子把较小的坝子吞并掉，这就有了部落战争。

通过一次旅行，我无法统计在蒙古国境内到底有多少个坝子，但在上路的第二天，我似乎经过的都是一系列的小坝子，而越往西部，坝子越大，山也越高。这就解释了为什么西部能够出现两个超强的政治力量——克烈部和乃蛮部。

不过，在古代蒙古统一之前，这样的地形已经在历史上无数的游牧部落中显过威力了。

比如，最早占据蒙古的，据说是被称为斯基泰人（或者塞人）的人种。斯基泰人可能并非东亚人种，而更类似于雅利安人。与斯基泰人类似的白种人在中国的南疆也屡有发现，从著名的楼兰美女，到龟兹（现在的库车）的墓葬，都有着白种人的痕迹。

在蒙古大地上，有许许多多的石堆墓葬，这些墓葬在我骑到西部时还会看到，墓中人很可能就与斯基泰人相关。

作为最早的游牧部落，斯基泰人也经历了从小部落到大部落的发展，这一点从墓葬规模就可以看出来。早期的石堆墓还都不大，但到了后来，石堆墓越来越膨胀，也越来越复杂，并有了界线标记。比如在西部，我曾经在山口看到一座巨型石堆墓，那或许就是某个古代的女王要求把墓建在边界上，向她的敌人表明她的灵魂仍然在守卫着边疆。而在新疆清河县境内的三道海子大墓，其规模更是令人惊叹，只能是举国之力才能建造的超级墓葬了。

斯基泰人之后，北方草原进入了文字记载的历史范畴。而在这些人中，影响最大的是匈奴人，匈奴的王庭就设在茫茫草原之上，而最可能的地点，就是我快要到达的哈拉和林附近。

中国汉代对蒙古的了解是和两座山联系在一起的，分别是狼居胥山和燕然山。公元前119年，西汉骠骑将军霍去病率大军深入蒙古，痛击匈奴左贤王，在狼居胥山封山而还。人们对于狼居胥山的位置说法不一，我认为很可能是在哈拉和林以南。

而到了公元89年，东汉大将窦宪再次越过戈壁进入蒙古，摧毁了匈奴的首都龙庭，在燕然山勒石而还。奉命撰写燕然山铭文的就是《汉书》的作者、著名的历史学家班固。

班固在撰写史书时，文风质朴刚硬，在《封燕然山铭》中，虽然加入了汉赋般的华丽气息，但我们仍然能够窥见史家的冷静和沉稳。

惟永元元年秋七月，有汉元舅曰车骑将军窦宪，寅亮圣明，登翼王室，纳于大麓，维清缉熙。乃与执金吾耿秉，述职巡御。理兵于朔方。鹰扬之校，螭虎之士，爰该六师，暨南单于、东胡乌桓、西戎氐羌，侯王君长之群，骁骑三万。元戎轻武，长毂四分，云辎蔽路，万有三千余乘。勒以八阵，莅以威神，玄甲耀目，朱旗绛天。遂陵高阙，下鸡鹿，经碛卤，绝大漠，斩温禺以衅鼓，血尸逐以染锷。然后四校横徂，星流彗扫，萧条万里，野无遗寇。于是域灭区殚，反旆而旋，考传验图，穷览其山川。遂逾涿邪，跨安侯，乘燕然，蹑冒顿之区落，焚老上之龙庭。上以摅高、文之宿愤，光祖宗之玄灵；下以安固后嗣，恢拓境宇，振大汉之天声。兹所谓一劳而久逸，暂费而永宁者也，乃遂封山刊石，昭铭盛德。其辞曰：

铄王师兮征荒裔，

剿凶虐兮截海外。

夐其邈兮亘地界，

封神丘兮建隆嵑，

熙帝载兮振万世！

燕然山就是蒙古中部的杭爱山，而所谓匈奴的首都龙庭，也可能在哈拉和林所在的厄尔浑山谷内。

在两汉的攻击下，匈奴解体了。我们往往喜欢把历史放在中国史的框架下观察，而忽视了匈奴对世界产生的冲击性影响。可以说，匈奴的军事行动实际上是一次蒙古人旋风的预演，告诉人们一个草原上的游牧部落能够在世界上掀起多大的风浪，从印度到西欧莫不感受到这个奇特民族的冲击。

匈奴人在进攻大汉政权的同时，顺便把位于甘肃河西走廊上的一个小民族——月氏人给收拾了。在匈奴还弱小的时期，月氏人曾经欺负过匈奴，还试图杀掉作为人质的匈奴王子冒顿。冒顿成为单于后，不仅打败了月氏，还砍了月氏王的人头做酒器。

月氏人开始了颠沛流离的日子，他们从河西走廊迁往伊犁河谷地区，再迁往中亚的河中地区，又进入阿富汗和伊朗，最后来到了印度。月氏人的迁移也引起了一系列的变动，伊犁河谷的斯基泰人被月氏人赶走后进入了阿富汗、伊朗，最后先于月氏人进入印度。

斯基泰人和月氏人在进入阿富汗的时候，顺便取代了在阿富汗的希腊人，这些希腊人是亚历山大大帝征服中亚时留下的，他们建立了巴克特里亚政权。一部分希腊人无奈也进入了印度。另外，波斯王朝受到北方的压力，也有一部分人进入了印度。

　　匈奴人往历史的池塘里投入了一颗石子，希腊人、波斯人、斯基泰人、月氏人如同涟漪一般一波又一波进入了印度。最终，月氏人（他们在印度被称为贵霜人）在印度建立了一个庞大的帝国。印度在近代之前曾经出现了三大帝国：阿育王的孔雀帝国、旃陀罗笈多的笈多帝国，而时间上位于两大本土帝国之间的就是这个外来人口建立的贵霜帝国。

　　贵霜帝国在印度保留下来的雕刻也带着游牧民族的痕迹，给印度增加了一抹别样的色彩。我去印度旅行时，特意去印度的马图拉博物馆参观，见到了伟大的贵霜王迦腻色迦雕像。马图拉曾经做过贵霜帝国的首都，博物馆里，那位血统出自中国的国王穿着笨重的大皮靴，而印度本土文化中，人们甚至连鞋都懒得穿。

　　关于匈奴人的另一颗石子是汉王朝投下的。汉王朝削弱了北方的匈奴人，击溃了匈奴政权，一部分匈奴人只得像当年的贵霜人一样向中亚逃窜。他们选择了更北方的道路进入欧洲。在他们的压迫下，欧洲的"蛮族"也纷纷向西移动，形成了对罗马帝国持续的压力，并最终导致了罗马帝国的崩溃。

　　哥特人、汪达尔人、伦巴第人、法兰克人，以及日耳曼人，这些涟漪一齐向着西欧和南欧移动，完成了一次民族接力。最后出现的是西逃的匈奴人，西欧人把匈奴首领阿提拉称为"上帝之鞭"。这些长相古怪的人种穿着破烂，浑身发臭，连个固定住处都没有，所有人都住在移动的大车上，一旦打仗就把大车围成圈作为隐蔽手段。如果不是法兰克人最终打败了他们，也许他们会先于成吉思汗建立一个横跨亚欧的大帝国。

　　从草原出发的匈奴人影响力横亘整个亚欧大陆，南达印度，西达西欧，汉代皇帝为了对付他们几乎竭尽了帝国所能，令人惊叹。近千年后，蒙古人只是把匈奴人做的事儿又做了一遍，并且做得更加成功罢了。

　　为什么一个草原部落形成的民族竟然有这么大的威力呢？

　　因为人类文明过于脆弱了。特别是在冷兵器时代，对于一个帝国的征服往往只用一次战役就足够了。那时一个国家往往只有实力组建一支超级军队，一旦这支军队在一次战役中被摧毁，由于没有足够的后备军，敌人就可以直捣首都，获得政权。比如，项羽利用一次战役就把秦军主力消灭殆尽，秦朝从此无法避免灭亡的命运。安禄山的叛军可以长驱直入，唐王朝仓促之间很难组织起像样的抵抗。

这样的战争中，游牧部落有着天然的优势，他们在对付定居者时，也只需把定居者的军队一次性消灭，就可以获得广大的地盘。

但游牧部落在获得了整个国家后，却很难守住。因为他们无法建立足够有效的行政管理机构，很快就筋疲力尽，或者主动撤离，或者被赶走。

早上上路不久，我到达了一个三岔路口，经过询问，去往哈拉和林的道路需要拐到右边的岔道上。在一个小山口附近，一组白塔在湿润的空气中浮动，一群双峰骆驼在路边悠闲地吃着草。每一只骆驼的驼峰都是独一无二的，形状、大小各有差别。它们的出现也预示着附近有沙化的迹象。

再往前走，在路边孤零零地立着一棵小树，树下有一个有趣的雕像：一只猴子站在大象背上，猴子的头顶站着一只松鼠，松鼠的顶上有一只鸽子。几辆汽车到这儿都停下，人们对着雕像膜拜。

过了这组雕像，上了一座山，就看见了巨大的厄尔浑谷地。

之前我看见的草原坝子大都在几百平方千米，最多一千平方千米上下，也就是长几十千米、宽几千米到十几千米这样的规模，这种规模的坝子可以轻易养活一个小部落。

但我面前的厄尔浑谷却让我无法一下子估摸大小。后来，等我反应过来，意识到这个坝子至少有上万平方千米。只有看到了这样的规模，才能理解为什么这个谷地是如此众多的文明中心。

在历史上，厄尔浑谷地不仅是匈奴人的中心，匈奴人之后的柔然、突厥汗国、回鹘突厥人、吉尔吉斯人都曾经把这个河谷当作帝国的中心。甚至可以说，这里曾经被认为是游牧蒙古天然的首都，最适合游牧人生存之所在。

关于突厥人在蒙古的历史，亦值得详细讨论。

在中国历史上有一个重要的问题：为什么历代王朝在经过高峰之后都会迅速衰落，直至灭亡。有的人自以为解决了这个棘手的问题，但其实所创之朝代反而以更快的速度进入迷局之中。

对于匈奴、突厥、蒙古等草原民族而言,也有同样的问题,即草原民族可以用极快的速度征服最广阔的领土,却很少能够维持长久,一旦停止扩张,很快就会崩溃。这到底是因为什么?

在厄尔浑河谷,突厥人的古都遗址附近,人们发现了两块1000多年前的石碑,它们被称为毗伽可汗碑和阙特勤碑,是后突厥帝国(第二突厥帝国)时代的可汗毗伽所立。其中竟然也提到了类似的问题,这位可汗回顾了第一突厥帝国时期那些伟大的可汗以及他们无与伦比的功绩,接着又感慨伟大可汗竟然拥有着堕落的子孙,中了唐朝的"诡计",终至灭国。看得出,他试图总结朝代兴亡的规律,但并没有找到确切的结论。

当上方苍天下方黑地开辟之时,人类的子孙亦出生于其间矣。人类子孙之上,我祖宗土门可汗及室点密可汗实为之长。既为之长,即与突厥人民制定统治国家的制度。天下四隅,悉为敌人,我祖悉征讨之,使之遵守和平,垂首屈膝。东至兴安岭,西至铁门,悉为我居之地。于此两极之间,统治蓝突厥人。吾祖宗皆圣贤可汗、英武可汗。其梅录亦莫不贤而且勇。诸伯克及人民亦皆亲睦和协。因此之故,始能保国,国保而后立法。但上述诸可汗皆依其命运一一逝世矣。其来祭吊与葬者,有东方日所出之高丽国,与唐国、吐蕃国、波斯国、拂菻国,黠戛斯人、三姓骨利干人、三十姓鞑靼人、契丹人、奚人。与祭人民之多如此,吾祖宗即如此著名之可汗也。

吾先人死后,有以其弟为可汗者,有以其子若孙为可汗,惟弟不类其兄,子亦不肖其父。御极者率皆无知之可汗,怯懦之可汗;其为梅录者,亦莫不无知与怯懦。因伯克与人民间的不和,因唐家从中施用阿谀与诡计,因兄弟自相龃龉而使伯克与人民之间相互水火,遂致突厥人民失其国家。

根据历史记载,突厥帝国也像后来的蒙古帝国一样,是在瞬间崛起的。土门可汗这一代人在推翻柔然帝国之后,迅速打下了江山,又靠木杆可汗和室点密可汗两叔侄继续开疆拓土，使突厥帝国达到了极盛。这时的领土东起中国的东北，契丹、高丽都已经臣服，西到河中地区甚至里海的西岸，进入了欧洲的地界。最盛时，突厥人已经和君士坦丁堡的东罗马帝国联合对抗波斯了。这是继匈奴帝国之后欧亚大陆上再次出现的游牧怪兽。如果没有后来的成吉思汗，那么土门可汗的功绩足以让他拥有"世界征服者"的称号。

但就在这时，突厥帝国崩溃的种子已经埋下。

首先是帝国的分裂。游牧民族在继承权问题上总是缺乏足够的经验。在一个成熟的社会中，为了避免家族财产的分割，总是采取赢者全占的策略，对于帝国来说，只有一个人继承王位，而继承了王位的人将获得整个帝国的统治权。但游牧民族的领地却往往要在子嗣间公平分配，你得一块，我分一块，使得父亲的土地总是要分割开来，经过数代，庞大的疆域就会在子孙分配间被消耗殆尽了。

在突厥帝国，土门死后，他的儿子木杆可汗和弟弟室点密可汗瓜分了帝国，木杆占据了东部，包括蒙古本部；而室点密占据了西部，由于西部的疆域不封闭，可扩展性更大，室点密可汗开疆拓土，直达中亚和波斯地区。

由于他们是第一代继承人，虽然分成了东西两半，但还能遵循一定的秩序，木杆继承了汗位，而室点密居于侄子的下位。

这一点很像后来的蒙古帝国，成吉思汗死后，他的四个儿子各有分封，独立行使权力，却又共同拥护窝阔台做合罕，也就是可汗的可汗。

但这样的结构必定不长久，随着亲戚的逐渐陌生，各自的后代之间起冲突的可能性越来越大，到这时，帝国就不可避免地走向分崩离析了。

加之中国恰好进入了一个强盛时期，伟大的唐王朝建立了。唐太宗采取了各个击破的方法，将东西两突厥帝国一一歼灭。草原民族经历辉煌之后，再次进入了蛰伏时期。以唐王朝为代表的更先进的文化成为主流。

但草原上游牧帝国的特点就在于兴亡都在一瞬间。就在人们以为突厥气数已尽时，退守到极北的突厥游牧部落却又在积聚着力量。他们的战士和马匹还在，区区几十万人在一个大型的坝子里就可以生存，但是扩张时，这几十万人又可以占领全世界。古代战争的特点决定一支强悍的部队可以占领数百倍于自己人口的土地。

唐王朝进入中间段，在高宗和武后时期，突厥第二帝国（后突厥帝国）兴起。骨咄禄可汗率领突厥人再次统一了蒙古本部，在厄尔浑谷地确立了统治权，而他的弟弟默啜可汗则帮助复兴的突厥帝国成为草原霸主。一时间，突厥人再次成了从中亚到兴安岭的主人。

但就在这时，游牧帝国的不稳定性再次从两个方面显示出来：第一，家族内乱。默啜可汗死后，两位兄弟毗伽可汗和阙特勤控制了局面，但他们死后，帝国由于无法选出合格的领袖陷入内乱，帝国随即崩溃。第二，以区区几十万人占领如此广大的地区，统治成本过高，突厥的统治集团无法维持住统一。当河中地区一个消息传回本部都要几个月时，突厥人已经很难实施有效控制了，分崩离析只是早晚的事。

在蒙古国境内，从厄尔浑河谷发现的几块碑记载了突厥时代。蒙古草原是一个不易于保存古迹的地方，不管是突厥人的都城，还是蒙古人的帝国，在草原上留下的痕迹并不多，当政权消失后，所有房屋、城池都以极快的速度消亡。这是因为草原帝国建设的房屋本来就少，大部分人即便在都城也是靠帐篷生活，连可汗也不例外。

但蒙古草原又是一个很能保存古迹的地方，只要这个古迹是石头的，那么几千年后人们发现它时，它必定还默默地躺在原地，就像当初建造时那样。远古斯基泰人的积石墓葬躺在草丛里、湖边，对历史不了解的人也许会认为它是十年前人们随便垒起的一堆乱石。各地的壁画、鹿石看上去笨拙得如同现代儿童的涂鸦。而可汗们的石碑虽然有的已经破碎，但上面的文字却那么亲切，仿佛是一位说故事的老人在娓娓动听地回顾他的一生，或者讲述昨天宴饮时发生的故事。

游牧民族的社会生活也千年不变。人们惊奇地发现，中国古书中对突厥生活的描写，与欧洲人对蒙古人生活的描写是如此相似，他们即便不是一个种族，但马背上的社会对于定居民族来说都是一样的。

历史继续向前发展，继后突厥帝国之后兴起的是回鹘帝国。

回鹘民族本就是突厥人的一支，或者说，他们在人种上属于突厥人种。回鹘帝国的首都也在厄尔浑谷地，和后突厥帝国的石碑距离哈拉和林都在50公里范围内。

回鹘帝国的首都至今还有城墙、佛塔遗址，不过，那早已经变成了一层层的夯土堆，就像中国西北常有的烽火台遗迹一样，前往的人只能看见满目荒凉。

回鹘帝国存在了一百年，在我看来，它是整个蒙古地区最先进的文明，它的都城规模完善，信仰也摆脱了原始的萨满教，信奉起从中亚传来的摩尼教和景教，回鹘人也最终成了景教徒。可以说，回鹘人已经逐渐变成了定居人种。但可惜的是，定居的回鹘人对于草原不再拥有足够的威慑力，它被更北方的吉尔吉斯人推翻，首都也变成了一片荒城。厄尔浑谷地这蒙古最富饶的地区再次落入黑暗之中，在文明的世界里丧失了影响力。

吉尔吉斯人占据厄尔浑谷地之后，就到了属于契丹人的时代。对于中国人来说，一提起契丹，就联想起契丹人在中国境内建立的辽朝，并想当然认为它的疆域就在中国以内。但实际上契丹的势力范围要大得多，正是它驱赶了吉尔吉斯人，将他们赶回了北方地带，厄尔浑谷地再次照射进了文明的光辉。

虽然契丹人占据了蒙古草原的东部和中部，但契丹人的统治并不持久，很快，女真人灭亡了契丹建立的辽国。

很多中国人很难区分女真和契丹，但实际上它们是完全不同的种族，势力范围也不相同。契丹更接近蒙古文化圈，所居住的地方也比女真人靠西。女真人则直接发源于中国的东北及俄罗斯的靠海地区，属于最东端的民族之一。

当女真人灭亡辽国、建立金国的时候，从北京逃出来的契丹余部在一位叫作耶律大石的人领导下，匆匆穿过中国北方的草原，向着西方走去。在历史上，曾经有无数东方的游牧部落到西方去寻找空间，比如在印度开创帝国的贵霜（月氏）人，让西欧人心惊胆战的匈奴人阿提拉，以及突厥人。契丹人耶律大石又将给我带来什么样的惊喜？

耶律大石进入了新疆西部、中亚一带，他的契丹家乡已经被甩在了几千公里以外。在新疆西部和中亚一带，耶律大石率领的契丹余部站稳了脚跟。大石开创了一个叫作喀喇契丹（西辽）的新国家，他自己号称古尔汗。

喀喇契丹面对的是一个不知来历的国家喀喇汗国，喀喇汗国的中心在喀什噶尔（现在的新疆喀什）一带，并向西扩展到费尔干纳谷地。耶律大石打败了喀喇汗朝，成了中亚的新霸主。

这个新霸主不仅占领了中亚，还把中原的佛教文化带到了那儿。在这之前，中亚已经完成了穆斯林征服，除了少量属于基督教分支的景教徒之外，大部分都信奉伊斯兰教。突然间，从天边来了一群崇拜偶像的佛教徒，并成了当地的首领，冲突是可想而知的。

后来河中地区的花剌子模在兴起之前也曾臣服于喀喇契丹，但在羽翼渐丰之后，立即打起反对偶像教徒的大旗，分裂了喀喇契丹。

但是，在花剌子模的君王对喀喇契丹用兵时，却有人提醒他：这些偶像教徒是一道阻止游牧民族西侵的屏障，如果你打掉这道屏障，固然可以获得更多的土地，但也必须独自面对游牧人的入侵了。

面对土地诱惑的君王听不下去这番话，事后，一切都应验了，花剌子模赶走契丹人不久，他们就被蒙古铁蹄所灭。

历史上的蒙古人并非属于一个冷酷的民族，他们和契丹人、回鹘人都保持着不错的交往关系，即便蒙古兴起之后，契丹和回鹘也大都以盟友的角色出现。在成吉思汗忙于打内战的时候，他的西部就由喀喇契丹、高昌回鹘这两个相对文明、友善的势力所控制，而他的南部虽然是两个对蒙古人并无好感的强权金国和西夏国，但由于戈壁大漠把蒙古本部和金、西夏隔开了，南方的政权对于蒙古的影响非常小。正是这样一个相对和平的外部环境，使得成吉思汗可以放开手来进行内部整合，统一了全蒙古。

即便我骑车进入了厄尔浑谷地，哈拉和林也还在几十公里之外。在一处看上去像物资堆放场的地方，我用英语询问了几个看上去像当地人的工人，哈拉和林应该怎么走。对方看上去不想回答，并且低着头努力避开我。

我追问了几句，对方还是在躲我。直到避不开了，一个人才低着头小声地用汉语嘟囔了一句："听不懂……"

就这样，我在蒙古国碰到了第一拨中国人。他们是来这里修路的，由于语言不通，总是躲避着当地人和游客。不过，一旦听说我也来自中国，双方立即觉得投机起来。

离开这群中国工人一个小时后,我终于看到了盼望已久的哈拉和林。

根据方济各会修士鲁不鲁乞的记载,这位在蒙哥汗时期到达哈拉和林的修士见到了城市巨大的宫殿和雄伟的城墙。

蒙哥在哈拉和林有一座巨大的斡耳朵,坐落在城墙附近。它的四周围以砖墙,像我们的修道院那样。那里有一座巨大的宫殿,他每年在这里举行两次宴会……那里还有许多长得像谷仓一样的其他建筑,在这些建筑里,储藏着他的粮食和财宝。

在宫殿入口,蒙哥请一个法国的工匠给他做了一个奇妙的装置:一棵大银树。

在它的根部有四只银狮子,每一只狮子嘴里有一根管子,喷出白色的马奶。在树干里面,有四根管子通到树顶上,管子的末端向下弯曲。在每一根管子上面,有一条镀金的蛇,蛇的尾巴盘绕在树干上。在四根管子中,一根管子流出葡萄酒,另一根管子流出哈喇忽迷思,即澄清了的马奶,另一根管子流出 boal,即蜂蜜酒,另一根管子流出米酒,称为 terracina。

关于蒙哥大汗的宫殿,鲁不鲁乞写道:

这座宫殿像一座教堂,中间有一个正厅;两边,在两排柱子外面,各有一条走廊,在南面有三座门。在中间的门里面,竖立着那棵银树。大汗本人坐在北面一块高起的地方,因此他可以被每一个人看到。……大汗坐在那里,像一个上帝。在他的右边,即西边,坐着男人们;在他的左边,即东边,坐着妇女们……

鲁不鲁乞甚至告诉我们,在蒙哥时代,哈拉和林就像现在世界上许多城市一样,有一个穆斯林聚居区。在整个城市里,穆斯林、景教徒、亚美尼亚人,甚至西欧人都在其中,充满了国际化色彩。

如今的哈拉和林已经没有了踪迹。只有一排树木标志着当年这个"世界首都"的位置。在古城旁边,如今耸立的是蒙古人最神圣的寺庙群:额尔德尼昭寺。古都的消失甚至与额尔德尼昭寺的修建有关。

1586年,一位叫阿巴岱汗(Abtai Sain Khan)的蒙古汗王在见过了第三世达赖喇嘛后皈依了藏传佛教。

阿巴岱汗的时代,恰好是一次蒙古复兴时期,时逢明朝万历年间,漠南和漠北蒙古在成吉思汗后代的统治下欣欣向荣。而藏传佛教继忽必烈时代之后,再次回到了蒙古人中间。不管是漠北的阿巴岱汗,还是漠南的俺答汗,都竞相摒弃萨满教,改信藏传佛教。

阿巴岱汗认为,拥抱藏传佛教的最佳方式就是建造一座寺庙。这座寺庙位于他的领地内,这里也是蒙古古都哈拉和林所在地。由于缺乏石头用料,哈拉和林遗址的石头和砖瓦正可以用来装饰新的寺庙。

这个决定造就了蒙古最神圣的寺庙,却毁掉了哈拉和林,古都从地面消失了,只留下了一个传说,以及距离额尔德尼昭寺不远的两只石龟。从寺庙北门出来不远,就可以看见一只庞大的石龟凝望着历史深处,它肩负着一个使命:向未来的人们讲述当年蒙古帝国的骄傲。

额尔德尼昭寺并不算宏大。它围着一圈围墙,围墙上耸立着108座佛塔。但围墙内部却显得空空荡荡,只有几座小型的建筑而已。在历史上,围墙里有几十座大小不一的寺庙,使得人们望见寺庙就可以想起当年古都的胜景,但这些寺庙大都没有留存到现在。

当我骑上自行车继续西行的时候,或许是回忆成吉思汗如何将自己的势力从肯特山扩张到杭爱山,从斡难河谷扩张到厄尔浑谷地,从而统一了整个蒙古的好时机。

当他逐渐打败了塔塔尔人和蔑儿乞人,并吞了洪吉喇部和泰亦赤乌部之后,整个东部都已经进入他的版图。他将第一个首都选在斡难河、克鲁伦河、图拉河三条河河源处的谷地里。

这时他面临的最大竞争对手是他曾经的父执王罕，恰是王罕占据了肥沃的厄尔浑河谷地区，哪怕成吉思汗统一了东部，可蒙古真正的老大还是王罕和他的克烈部。

在克烈部的西面，杭爱山以西的地区是乃蛮人的地方。乃蛮人同样是统一蒙古的竞争对手。如果乃蛮和王罕联合对付铁木真，显然他不是两大联军的对手。

不过，对于铁木真来说，好消息是王罕不仅没有和乃蛮联合，反而和铁木真联合去攻击乃蛮。最早的攻击甚至在铁木真没有统一东部的时候就展开了。

根据《蒙古秘史》的记载，大约在公元1199年，铁木真和王罕趁着乃蛮的分裂对西部进行了一次征讨。

乃蛮人也像游牧部落碰到的惯常情况，当老王死后，他的儿子们开始了分裂之途，一分为二了。塔阳汗占据了科布多及其周围的广大平原，而他的兄弟不亦鲁黑则占据了更西部的阿尔泰山区。

铁木真和王罕决定各个击破，暂时不去碰塔阳汗，而把军队指向了不亦鲁黑的山区军队。他们的远征直达新疆北部地区，经过一个叫作横相乙儿的地方，沿着乌伦古河进入新疆境内。这条路也是我此次旅行的终点，预计将在二十几天后到达。

这次出征不仅粉碎了不亦鲁黑的军队，也让铁木真第一次走出了蒙古草原，进入了世界上更遥远的地方，开拓了眼界。

但这次远征却给铁木真和王罕之间的盟友关系留下了阴影，回程经过杭爱山附近时，他们的联军遭到了乃蛮剩余部落的攻击，王罕连夜拔营，撇下自己的盟友撤离了。第二天发现了真相的铁木真只能单独撤退，路上充满了惊险。

但腾格里老天爷仿佛专门通过与王罕作对来帮助未来的蒙古霸主。被甩在后面的铁木真并没有受到攻击，反而是逃在前面的王罕遭遇了敌人，如果不是铁木真的救助，王罕此战无法摆脱失败的命运。

这次远征虽然以铁木真帮助王罕脱离险境作为结束，但在两盟友间埋下了不和的种子。虽然之后克烈部仍然在铁木真统一东部的战争中提供了帮助，但随着局势越来越明朗，克烈部终于意识到铁木真才是他们的大敌。

当东部统一完成，二者的联盟终于破裂了。王罕在儿子桑昆以及铁木真曾经的安达、与铁木真竞争东部统治地位失败的札木合的督促下，与铁木真开战了。

这次战争比以往的战争更加惨烈，铁木真几乎退到了他领土的最东端，退入了如今中国东北的兴安岭，才避开了对方的风头。即便是他最终获胜，也更多利用的是计谋而不是勇武。

为了摸清王罕的位置，铁木真的几位手下选择了诈降，他们被带到王罕的帐前，摸清了王罕军队的位置。而对于古代战争来说，胜利很大程度上取决于能否在有利的时间、有利的位置发现敌方的主力所在。一旦克烈部军队暴露了目标，铁木真立即利用强有力的冲锋出其不意地袭击了对方，经过三天三夜的激战，铁木真取得了胜利。

王罕撤退，越过了整个蒙古东部和中部，却在西部被乃蛮人所杀。他的儿子桑昆逃得更远，越过沙漠在西夏的边境，依靠劫掠为生，之后逃入了新疆境内，在龟兹（库车）被当地的回鹘人所杀。克烈部从此并入了蒙古人之中，不过成吉思汗并没有亏待克烈部，继续重用了这个部落的人。他们不仅为成吉思汗的东征西讨立下了汗马功劳，还把基督教（景教）文明带入蒙古人之中，冲淡了原始萨满教的影响。蒙古人对宗教的宽容态度由此而来。

解决掉最棘手的克烈部问题，剩下唯一能与蒙古人抗衡的势力就是乃蛮人塔阳汗了。塔阳汗显然没有铁木真远交近攻的手腕，于是在铁木真与王罕的争斗中采取了置身事外的态度，他没有意识到，两虎之中不管谁胜，都会把接下来的目标瞄向他。

1204年，战争再次爆发，这是铁木真统一蒙古最后一场大战。塔阳汗败绩，将铁木真送上了全蒙古最高统治者的宝座。

乃蛮势力崩溃后，铁木真顺便将蒙古的一些边缘部落征服，剩下的大都主动表示了臣服。这些部落包括吉尔吉斯人、卫拉特人、蔑儿乞人等。

《蒙古秘史》在叙述铁木真的东征西讨时，故意将其叙述得如同小说般波澜壮阔。在这样的故事架构下，必须有一个永恒的敌人。书中找到的这个敌人就是成吉思汗曾经的安达札木合。

札木合如同一个邪恶的魔鬼，一开始与铁木真争夺东部霸权，失败后又逃到了克烈部，煽动王罕与铁木真的不和。王罕被击败后，他又逃到了乃蛮人那儿继续反对铁木真。直到乃蛮人被击败后，铁木真已经完成了统一，札木合才被抓到，押送到了大汗铁木真的面前。

按照书中的说法，铁木真念及旧情，想释放札木合。但札木合主动要求赴死，因为一个蒙古容不下两头雄狮。最后，他被蒙在毯子里乱马踩死。这种不流血的死亡方式是蒙古人献给勇士的礼物。

而我却看到，札木合是一个和铁木真一样的人物，如果胜利的不是铁木真而是札木合，那么蒙古也将在这位勇士的指挥下奔向世界。他们的性格相似，野心相似，唯一不同的只是命运罢了。

1206年，铁木真在斡难河边正式成为成吉思汗。这时他的都城还在东部，也就是他童年生活过的地方。直到他西征花剌子模回来的暮年，才认真考虑迁都问题。那时，厄尔浑谷地里回鹘人的都城废墟犹在，他决定把新都设在同一个谷地里。至于真正建都，已经是他死后的窝阔台合罕时期了，这个天然的世界中心在经历了数百年的沉寂后再次发光。

距离哈拉和林二十几公里处有一个小镇叫浩吞特（Khotont），从地理上说，它已经位于后杭爱省（哈拉和林在前杭爱省）。当夜，我就在小镇旁的谷地里休息。不过，在休息之前，我还有一件事情要做：扫荡小镇商店。

傍晚时分，整个小镇只有一家小超市仍然在营业，我急不可耐地冲进商店，眼睛开始在货架上搜寻。我拿了三瓶水放在收银台，售货员要扫码结账，被我制止了，示意东西还没有拿完。接着我冲向了食品区，找到了久违的鲱鱼罐头，货架上一共有七个鲱鱼罐头，我开始决定全都拿走，后来觉得不好意思，留下一个，拿走了六个。把六个鲱鱼罐头放在收银区，售货员又要结账，我再次制止。

我又拿了两包点心，最后一次折回货架，发现除了鲱鱼罐头，还有一些沙丁鱼的，价格便宜一些，量也少一些。我又拿了几个沙丁鱼罐头，这才心满意足地要求售货员结账。

瞠目结舌的售货员望着我艰难地把所有物品搂起来抱走，孔雀借我的驮包充分显示了优越性，大口一张，把所有的东西都吞了进去。这是我进入蒙古国之后第一次不再为食品感到担忧。我甚至决定把剩下的那根从中国带来的火腿留下来当存货，以备万一。

我心满意足地躺在帐篷里，接连吃了两盒罐头，打着饱嗝做着梦再次回到了元朝的铁马金戈。

在来蒙古国之前，我在中国境内先练了五天车。这五天骑行了 500 多公里，从北京出发，经过昌平、八达岭、怀来、宣化、张家口、张北，前往了元朝时期的两个首都：元中都和元上都。加上就在北京的元大都，我已经将中国境内的元代首都一网打尽了。

元中都在张北县以北 20 公里左右，而元上都则在更加北方的内蒙古正蓝旗。地理上中原和塞外的分界线就在张家口和张北之间。这两个城市相距不过二三十千米，中间却横亘着一座野狐岭，当年，长春真人丘处机去见成吉思汗，也是从北京北上，经过野狐岭前往蒙古本部的。《长春真人西游记》写道：

明日，北度野狐岭。登高南望，俯视太行诸山，晴岚可爱。北顾，但寒沙衰草，中原之风，自此隔绝矣。

当地人又把这座山叫作"坝"，从张家口往张北走叫作"上坝"。坝的南面是定居文明的耕地平原，北面则已经属于蒙古高原的一部分，变成了广阔的草场和游牧民族的家乡。元中都和元上都都建在草原上，与元大都的地理环境区别明显。

元上都、元大都和元中都三座都城的兴建，也折射了元朝的政治和历史。

最初的四位大汗——成吉思汗、窝阔台、贵由和蒙哥——由于还能得到整个蒙古的认同，他们的首都在蒙古本部境内的德勒格尔汗和哈拉和林。然而忽必烈的继位是争霸和战争的结果，长期以来并没有得到所有蒙古王侯的承认，他的统治地域也从所有蒙古汗国变成了仅仅在中国域内的元帝国。为了更好地管理他统辖的区域，迁都已经成了他必须做出的选择。在与弟弟阿里不哥的争位中，草原上的开平府就一直是忽必烈军队驻扎的中心，定都于开平府看来是理所当然的事情。

开平府在如今的上都河畔，这条美丽的河流在山间冲出了大片平原，平原上开满了金莲花。在距离开平府十几公里外，还有一座金代的城池桓州。在金代之前，这里曾经是乌桓人生活的地方。桓州城在当地的传说中又叫四郎城，被认为是杨四郎投降辽邦后，由辽人为他建立的城市。

忽必烈定都开平后，开平就成了著名的元上都。如今的上都已经变成了一系列土埂和土包，中间的两座大殿也早已变成了不起眼的小山。只有周围山上无数的敖包向人们宣告这里曾经多么重要。

意大利人马可·波罗来到中国时，到过元上都，他在《马可·波罗游记》中留下了这样的记载：

上都是忽必烈大汗所建造的都城，他还用大理石和各种美丽的石头建造了一座宫殿。该宫设计精巧，装饰豪华，整个建筑令人叹为观止。

该宫殿的所有殿堂和房间里都镀了金，装饰得富丽堂皇。宫殿一面朝城内，一面朝城墙，四面都有围墙环绕，包围了一块整整有十六英里的广场。除从皇宫外，别无其他路径可以进入该广场。这个广场是大汗的御花园，里面有肥沃美丽的草场，并有许多小溪流经其间。鹿和山羊都在这里放牧，它们是鹰与其他用来狩猎的猛禽的食物，这些动物也栖息在这个御花园中。除鹰外，其他各种鸟雀不下二百余种。只要居住在上都，大汗每星期都要来此巡游一番。

当大汗骑马驰骋在这片草地上的时候，他常命令侍卫带上一头或数头小豹同行。当大汗高兴时，就会放出这些小豹，这些小豹则马上就会扑向牝鹿、山羊或黄鹿。而大汗却将小豹猎取的动物送去喂鹰，仅借小豹的猎兽取乐而已。

御花园的中央有一片美丽的小树林，大汗在林中修建了一个小亭，亭内有数根美丽的装饰着黄金的圆柱。每根圆柱上都盘着一条龙，这些龙，头向上承接着亭子的飞檐，龙爪向左右张开，龙尾向下垂着，龙的全身也涂着金漆。亭顶和其他部位一样，是用竹子做的，油漆得很好，可以防潮。这个亭子所用的每根竹子的周长约有三手掌，长约有十寻，劈成两半，除去节头，便成了水槽。它们一正一反铺成了顶。同时为了防止大风刮翻屋顶，每片竹子的两端都绑在亭子的檩条上。亭子的每一方和天幕一样有二百条以上的坚固的丝绳系着，否则由于建筑材料较轻，可能会被大风将整个亭子吹倒。该亭的全部设计美妙精巧，一切部分都可以拆开、移动并且重新组装。因为这里气候温和，有利于健康，所以大汗常选择这里作为休息游戏之所。在每年的六、七、八这三个月中巡幸于此，并在每年的阴历八月二十日离开这里，到一个固定的地方举行祭典。

不过，马可·波罗来到上都的时候，这里已经不再是元朝唯一的首都，忽必烈在上都登基后，为了更加便利地控制中原地区，决定将都城迁往曾经金朝的中都，于是那儿就成了元大都，也就是马可·波罗笔下的大汗之城——汗八里。

如今的汗八里只剩下一段段城垣土堆，早已经没有了当年的风采，只有景山和白塔仍然诉说着当年的荣光。

马可·波罗的游记之中是这样介绍汗八里的辉煌，他介绍得如此仔细，我们都可以根据他的文字在脑海中重构这座伟大的都城：

新都整体呈正方形，周长二十四英里，每边为六英里，有一土城墙围绕全城。城墙底宽十步，愈向上则愈窄，到墙顶，宽不过三步。城垛全是白色的。城中的全部设计都以直线为主，所以各条街道都沿一条直线，直达城墙根。一个人若登上城门，向街上望去，就可以看见对面城墙的城门。在城里的大道两旁有各色各样的商店和铺子。全城建屋所占的土地也都是四方形的，并且彼此在一条直线上，每块地都有充分的空间来建造美丽的住宅、庭院和花园。各家的家长都能分得一块这样的土地，并且这块土地可以自由转卖。城区的布局就如上所述，像一块棋盘那样。整个设计的精巧与美丽，非语言所能形容。

整个城墙共开设了十二座大门，每边三座。每座城门上和两门之间，都建有一座漂亮的建筑物（箭楼），每边共有五座，楼中有大房间可收藏守城士兵的武器。至于守城兵士的数目，大约每座城门是一千人。大家不要因为有这么多驻军，就认为是在防御某种敌人的入侵，实际上这只不过是为了表现大汗的光荣与威严而设置的禁卫军。

新都的中央有一座很高的建筑物，上面悬挂着的一口大钟每夜都要响起。在第三声钟响后，任何人都不得在街上行走。不过遇上紧急情况，如孕妇分娩，有人生病等非外出请人不可的事情，便可以例外，但外出的人必须提灯而行。

十二座门外面各有一片城郊区，面积广大。每座城门的近郊与左右两边城门的近郊相互衔接，所以城郊宽度可达三、四英里，而且城郊居民人数的总和远远超过都城居民的人数。每个城郊在距城墙约一英里的地方都建有旅馆或招待骆驼商队的大旅店，可提供各地往来商人的居住之所，并且不同的人都住在不同的指定的住所，而这些住所又是相互隔开的。例如一种住所指定给伦巴底人，另一种指定给德意志人，第三种指定给法兰西人。

不过，人们也许对大汗给使者们配备女人的做法更感兴趣：

新都城内和旧都近郊操皮肉生意的娼妓约有二万五千人。每百名和每千名妓女各有一个特设的官吏监督，而这些官吏又都受总管的管理。每当有外国专使来到大都，如果他们负有与大汗利益相关的任务，则他们照例是由皇家招待的。为了用最优等的礼貌款待他们，大汗特令总管给每位使者每夜送去一个高等妓女，并且每次一换。派人管理她们的目的就在于此。妓女们也都认为这样的差事是自己对大汗应尽的一种义务，因此不收任何报酬。

夜间有三、四十人一队的巡逻队，连续不断地巡查街道，并且检查是否有人在宵禁的时间里——即第三次钟声之后——仍离家外出。如果外出者被他们发现，就立即被捉去监禁。待天明后会由专职官吏审理犯禁者。如果被证明是行动疏忽，则要按情节轻重，处以或轻或重的杖足刑，这种刑法有时是可能致命的。这些居民中的罪犯，常常是被这样惩罚的。这主要是由于大汗听从了一些有学识的占星家的劝告，不愿人民流血的缘故。

马可·波罗以严谨加抒情的笔调描写了汗八里的皇帝宫殿群，这些宫殿群遗址或者已经埋在现有的明清宫殿之下，或者荡然无存，我们只能从前人的描述中来获得感性的认识：

首先是一个用宫墙和深沟环绕着的广场。广场每边长八英里，四边中间各有一座大门，是各地来的人的出入之所。离这道围墙的内沿一英里处还有一道围墙，围着一个边长六英里的广场。两道围墙之间是卫队的屯驻之地。该广场南北两边各有三座门，中央一门比两旁的大，该门除供皇帝出入外，终年紧闭不开。两边的门则长年敞开，以供大家进出。

在第二个广场的中央有一排华丽宏大的建筑物，共八个，是储藏皇家军需的地方。一个建筑物储藏一种军需品。如马缰、马鞍、马蹬和骑兵所用的其他物品都放在一个仓库内；弓弦、箭袋、矢和属于弓箭类的其他物件放在另一个仓库内；护身甲、胸甲和其它皮制盔甲则存入第三个仓库中，其余的照此类推。

在这个广场内还有一个广场。它四周的城墙极厚，高二十五英尺，城垛和矮墙全是白色的。这广场周长四英里，每边长一英里，和上述的广场一样，南北各有三座门，场中也同样建有八个建筑物，作为皇帝藏衣之用。各城墙之内都种着许多美丽的树木，还有草场，饲养着各种动物，如大鹿、麝、小鹿、黄鹿和这一类的其他野兽。每道墙之间，如没有建筑物，也按这种规划布置。这里青草茂盛。草场上的每条小径都有砖石铺面，比草场地面高出三英尺，使得污泥雨水不至于积成水坑，而只是向两旁流，用来滋润草木。

在这四英里的广场内，建有大汗的宫殿。其宏大的程度，前所未闻。这座皇宫从北城一直延伸到南城，中间只留下一个空前院，是贵族们和禁卫军的通道。房屋只有一层，但屋顶甚高，房基约高出地面十指距，周围有一圈大理石的平台，约二步宽。所有从平台上经过的人外面都可看见。平台的外侧装着美丽的柱所墩和栏杆，允许人们在此行走。大殿和房间都装饰雕刻和镀金的龙，还有各种鸟兽及战士的图形和战争的图画。屋顶也布置得金碧辉煌，琳琅满目。

宫殿的四边各有一大段大理石铺成的石阶，由此可从平地登上围绕宫殿的大理石平台，凡要走进皇宫的人都必须通过这道平台。

大殿非常宽敞，能容纳一大群人在这里举行宴会。皇宫中还有许多独立的房屋，其构造极为精美，布局也十分合理。它们的整个规划令今人难以想象。屋顶的外部十分坚固，足以经受岁月的考验，并且还装饰着各种颜色，如红、绿、蓝等等。窗户上安装的玻璃也极精致，犹如水晶一样透明。皇宫大殿的后面还有一些宏大的建筑物，里面收藏的是皇帝的私产和他的金银珠宝。这里同样也是他的正宫皇后和妃子的宫室。大汗住在这个清静的地方，不受外界的任何打扰，所以能十分安心地处理事务。

在大汗所居的皇宫的对面，还有一座宫殿。它的形状酷似皇宫，这是皇太子真金的住所。因为他是帝国的继承人，所以宫中的一切礼仪与他的父亲完全一样。离皇宫不远的北面距大围墙约一箭远的地方，有一座人造的小山，高达一百步，山脚周围约有一英里，山上栽满了美丽的常青树，因为大汗一听说哪里有一株好看的树，就命令人把它连根挖出，不论有多重，也要用象运到这座小山上栽种，这使得这座小山增色不少。因此这座小山树木四季常青，并由此得名青山。

小山顶上有一座大殿，大殿内外皆是绿色，小山、树木、大殿这一切景致浑然一体，构成了一幅爽心悦目的奇景。在皇宫北方，城区的旁边有一个人造的池塘，形状极为精巧。从中挖出的泥土就是小山的原料。塘中的水来自一条小溪，池塘像一个鱼池，但实际上却只是供家畜饮水之用。流经该塘的溪水穿出青山山麓的沟渠，注入位于皇帝皇宫和太子宫之间的一个人工湖。该湖挖出的泥土也同样用来堆建小山，湖中养着品种繁多的鱼类。大汗所吃之鱼，不论数量多少，都由该湖供给。

溪水从人工湖的另一端流出，为防止鱼顺流逃走，在水流的入口处和出口处都安着铁制或铜制的栅栏。湖中还养有天鹅和其他小鸟。还有一桥横跨水面，作为皇宫和太子宫的通道。

马可·波罗对于中国的人口众多也做了描述。我们由此可以看出元大都的繁荣。当我们把这里的繁荣与草原上人口的稀少做一个对比，才知道忽必烈的迁都是多么正确的决定。

汗八里城内和相邻城门的十二个近郊的居民的人数之多，以及房屋的鳞次栉比，是世人想象不到的。近郊比城内的人口还要多，商人们和来京办事的人都住在近郊。在大汗坐朝的几个月间，这些人各怀所求从四面八方蜂拥而至。

　　近郊和城内一样，也有华丽的住宅和宏伟的建筑物，只不过没有大汗的皇宫罢了。所有尸体都不能在城内掩埋。偶像崇拜者的风俗是要实行土葬的，于是人们将尸体送到近郊以外的坟地上进行掩埋。公家的行刑场也设在这里。卖淫妇除了暗娼以外是不敢在城内营业的，她们只能在近郊附近拉客营生。和前面所讲的一样，这些地方共有娼妓二万五千人。无数商人和其他旅客为京都所吸引，不断地往来，所以这样多的娼妓并没有供过于求。

　　凡是世界各地最稀奇最有价值的东西也都会集中在这个城里，尤其是印度的商品，如宝石、珍珠、药材和香料。契丹各省和帝国其他地方，凡有值钱的东西也都运到这里，以满足来京都经商而住在附近的商人的需要。这里出售的商品数量比其他任何地方都要多，因为仅马车和驴马运载生丝到这里的，每天就不下千次。我们使用的金丝织物和其他各种丝织物也在这里大量地生产。

　　在都城的附近有许多城墙围绕的市镇，这里的居民大都依靠京都为生，出售他们所生产的物品，来换取自己所需的东西。

　　元代另一个稍晚一点的欧洲旅行家鄂多立克也对汗八里做过类似的描述。他为了描写元朝工匠的技艺，特别提到了一种人造的禽鸟。

　　宫殿中尚有很多金孔雀。当鞑靼人想使他们的君主高兴时，他们就一个接一个地去拍手；孔雀随之振翅，状若舞蹈。那么这必定系由魔法驱动，或在地下有机关。

　　对于这样的说法我们已经无法验证。这可能是由于中国人喜欢在宫殿旁放铜质的仙鹤，传出去之后演化成了西方熟悉的孔雀。

　　在元朝历史上，还有一次不成功的迁都，试图把首都从中原迁回到草原上，这次迁都造就了另一个首都——元中都。

这次迁都发生在元代（从忽必烈开始算起）第三任皇帝武宗之时。元武宗海山在登基前负责镇守漠北，在他的眼中，草原的地位是高于中原的。中原的财富虽然更加富足，但更容易让人腐化，让蒙古人变得虚弱无力，阳刚的文化变成靡靡之音。

武宗决定把首都迁回草原。他选择了张北县北面作为新都之地。从这个位置也能看出武宗的煞费苦心。元中都遗址的所在地距离野狐岭也就是上坝的地方只有二三十公里，属于距离中原文化最近的地方，也是草原文明的最南边缘。武宗既想找回蒙古人的传统，又想靠近中原文明，这点我们能看到他那一代蒙古人的犹豫和徘徊。

新都用了一年时间就建成了。但这座都城恐怕只有武宗一代在使用，武宗死后，元中都不再被提起，元末农民起义更是摧毁了这里的建筑。

我到达元中都时，只看到了方形的白色城垣，以及城垣内本该是宫殿的土丘。除非考古学家，普通人甚至不知道这里是元中都了。

这就是蒙古人和元朝各首都的传承和历史：从成吉思汗的德勒格尔汗，到窝阔台的哈拉和林，再到忽必烈的上都和大都，以及武宗失败的中都。

最后，明朝兴起，蒙古人被赶回了草原。

第二部

沙漠中的跋涉

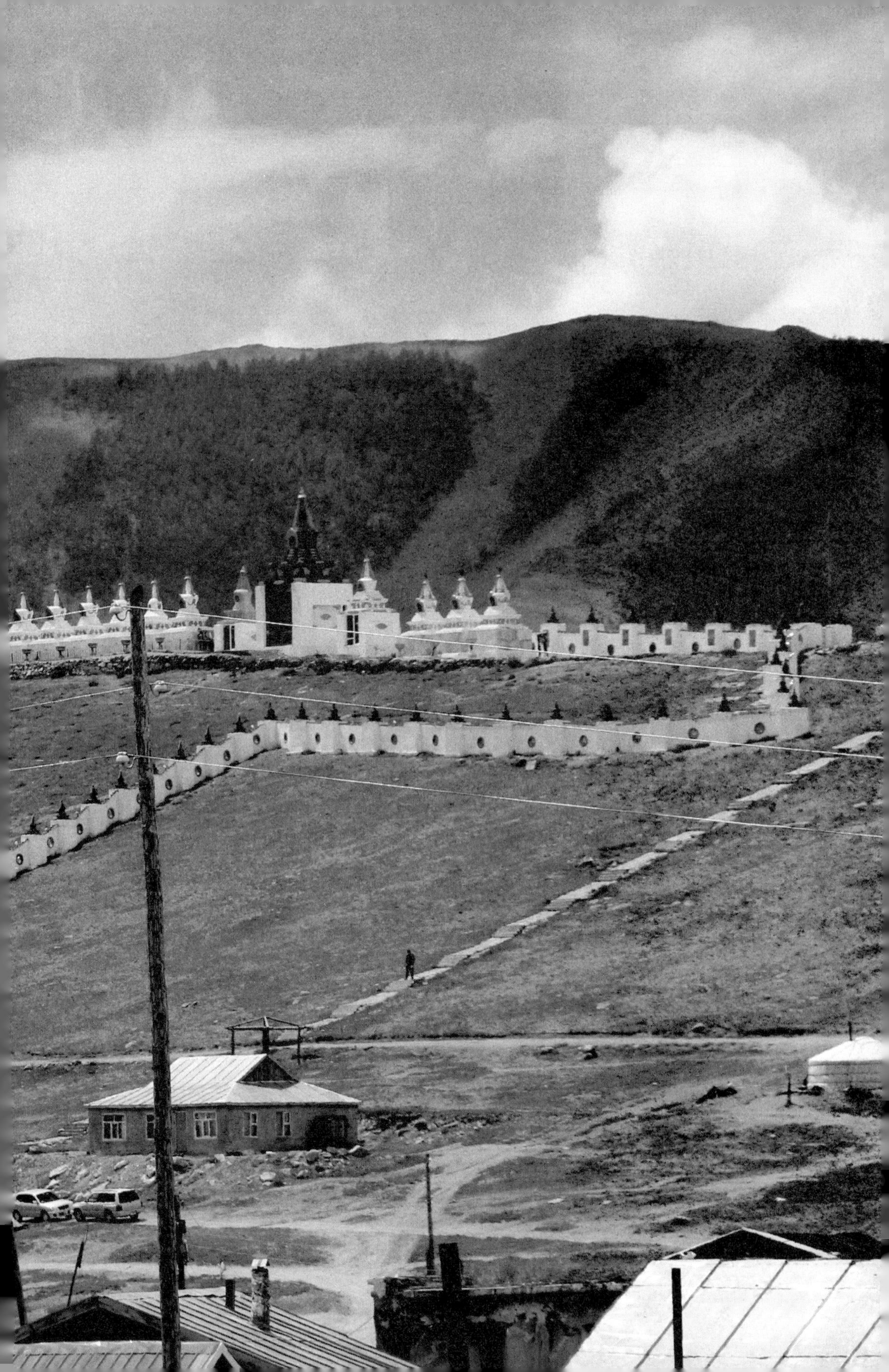

第五章

乌里雅苏台

做客蒙古包——车车勒格——彻底解决吃饭问题——楚鲁特峡谷——白湖——蒙古国西部的艰难道路——早期旅行者笔下的鹰——遭遇袭击——为什么成吉思汗能征服如此广大的疆域——成吉思汗的首次南侵：西夏、金朝和新疆——大乌尔和陶松臣格勒——美味的蓝莓酱——花剌子模悲歌——英雄帖木儿蔑里——中亚的鲜血和蒙古人的征服——哲别和速不台的西征——西夏王陵之殇——成吉思汗之死——翻越杭爱山脉——乌里雅苏台的中国痕迹

7月15日是波澜不惊的一天。

此刻我已经储备了大量的食物，不再担心吃饭问题，我的身体也已经适应了蒙古国的路况。更让人惊喜的是，我原本以为柏油路到哈拉和林之后就结束了，已经做好准备上土路，但我发现过了哈拉和林前方还是柏油路。柏油路直到过了车车勒格（Tsetserleg），在楚鲁特峡谷（Chuluut Gorge）之前才消失，那已经是16日下午的事了，我多享受了两天的好时光，这也是路上的惊喜之一。

我和当地人的接触也越来越多，15日上路不久，路边蒙古包里的一位蒙古少年就和我打招呼，我下车问他是不是想骑自行车，他点了点头。我把驮包卸下来，把车放给了他，自己进帐篷边喝马奶子边休息。

蒙古包里的陈设非常简单。时间久了，我发现蒙古国的某些物资还很匮乏，这

里家用电器很少，人们的生活还处于传统状态，蒙古包里除了床、桌子、凳子和炊具之外，没有别的东西。这里最奢侈的物品是汽车和摩托车，几乎每家都有摩托，而汽车的比例也越来越大，甚至比中国还高。在蒙古国买日本汽车是免税的，当时价格可能不到在中国购买同款汽车的一半，而如果以牲畜头数计算，每个蒙古国的人占有的财产并不少，买车对一些当地人来说并非奢望。

门外的孩子们挨个儿在外面骑车，我和主人在里面觥筹交错。我深深地感受到了当地人的友好和热情。

大部分游牧民族对于客人都会倾尽全力去帮助，这是他们的生活经验。由于生活条件艰苦，一个在路上的人如果得不到帮助就可能死去，而如果今天你不帮助别人，明天你也可能遇到相同的情况，所以草原上互相帮助已经成了一种约定俗成的品德。

当年蒙古在中亚建立了庞大帝国之后，西方人对于蒙古的认知立即陷入了分裂。一方面，他们认为蒙古人是杀人不眨眼的恶魔，砍头无数，还经常屠城；可另一方面，他们发现西方与东方的大道因为蒙古人而变得畅通，实际上蒙古人对于长途跋涉的旅行者非常友好，乐于帮助。

这种认识上的分裂出于对草原习俗的不理解。蒙古人帮助旅行者和商人，正是基于这种草原习俗；而蒙古人杀人无数，则针对的是不肯服从的定居居民。这两者是并行不悖的，并不代表他们凶恶，也不代表他们惯于怜悯他人。

上路后，我开始为另一件事拿不定主意：前方过了车车勒格，我的下一个目的地是乌里雅苏台，那儿曾经是乃蛮人的家乡，也是清朝统治蒙古时期的行政和军事中心。但在北方还有一个著名的景点——大湖库苏古尔。

库苏古尔是蒙古国最有名的自然景点，游客众多，我是否应该去一下？在原来的计划中，我的确是把库苏古尔列入了行程，但此刻我却有种冲动想尽快赶往蒙古国西部。蒙古国靠近俄罗斯、中国新疆的交界地区是旅者最难到达的，路途最艰辛，却也是最美丽的，比起大众化的库苏古尔，我更喜欢具有挑战性的西部地区。

何去何从？我决定再向前走两天，到达岔路口时再做决定。

当天下午，我到达了后杭爱省的首府车车勒格。这是一座建在山边的城市，除了山谷中建了不少房子之外，在几座小山头上也有不少房屋。车车勒格的规模在蒙古的城市中算比较大的，这也是我路过的第一座省城。

在省城的露天市场附近，我问路时却突然发现了一个地摊上正在卖火腿，还有巨大的俄罗斯面包。火腿看上去像是当地产的，由于缺乏必要的防腐手段，存放手段是保持冷冻状态，只有在卖之前才拿出来化一化冰。

我向摊主——一位上了年纪的妇人——询问了一下价格，大约40元人民币一千克，并不算便宜。犹豫不决时我突然意识到，这样的火腿也许是生的，而我没有带烹调设备。

我把自己的忧虑用手势比画给老妇人。开始她似乎不知道我想表达什么，后来她突然明白了，利索地抽出刀来，在火腿的一头切下一小块来，递给我，以示这是熟的，可以立即吃。

我尝了尝，立即决定买上两大根。我还在她这儿买了一大块硬面包。这下我的食物更加充足了，我的自行车也变得沉甸甸的，我甚至有点担心骑起来会显得沉重。

这里的火腿简直太实惠了。虽然折合40元人民币一千克，但火腿中几乎没有淀粉和其他添加剂，只有半干的肉。要灌一千克的火腿，所使用的肉料绝不止一千克。从这时开始，我的伙食变成以肉食为主了。我几乎每天中午吃一个沙丁鱼罐头，晚上吃一个鲱鱼罐头，每天还要吃一斤左右的全肉火腿，剩下的空间再用面包塞上。即便在国内，我也没有这样享受过的食品。从能量上来说，不仅足够全天的消耗，甚至可能还会有剩余。我从蒙古国回来的时候甚至长肉了。

过了车车勒格，紧接着出现一座陡峭的山口，翻山用尽了我当天剩余的时间。在山口前还有一口当地的圣泉，几乎每辆过往的车都会在这儿停留打水。我也把所有的水瓶倒空，全都换上泉水。

那天晚上，我睡在了一个叫作大塔米尔（Ikh Tamir）的地方，在一个小山背后的马圈旁扎了营。那天的天气真好，晚霞将天空映得通红。我爬到山上，望着远处的马圈和缩成了一粒沙的小帐篷，望着山下的道路，感受着蒙古地域的广阔和苍凉。

第二天（7月16日），早上又下了一会儿雨，不过很快天气放晴，我又可以在阳光下骑行了。这一天的路大部分是在蜿蜒的山区，但山的坡度都不大。到了下午，柏油路在经过一条河之后戛然而止，也是从这里开始，我进入了真正的西部地带。

土路开始的地方恰好经过一座美丽的峡谷——楚鲁特。由于附近都是熔岩地貌，石质相对疏松，楚鲁特河在这里劈开了两侧厚厚的岩石，形成了一条独一无二的峡谷。不过这条峡谷并非处在高山之中，而是从平原上深深地凹陷下去。

当天夜里，我在峡谷旁的平地上扎营，此刻距离下一个著名景点白湖——特尔欣查干（Terkhiin Tsagaan）——已经只有几十公里了。

根据以往的经验，我原本以为第二天依然是好天气，谁知醒来时却发现天空在下雨。我在雨中收好帐篷，继续上路，此时已是7月17日。

那次是我遇到的最糟糕的天气。以往也会碰到下雨，但一般只会持续一两个小时，要么雨停了，要么我已经骑出了雨区。可那天的雨足足下了大半天，直到下午我过了白湖，天空才慢慢放晴。

蒙古草原的坏天气定律开始奏效，下雨、大风、烂路和上坡又都凑在了一起，即便穿着雨衣，我仍然浑身被打湿。由于刚刚离开了柏油路，对于蒙古国的土路准备不足，我的车程也突然从每天一百多公里降到了七八十公里。

在蒙古国，除了柏油路之外，其余的土路甚至比不铺路还难以骑行。在大部分土路段，司机宁肯到土路旁边的草地上去开车，也不愿回到土路上。因为土路上的路基坑坑洼洼，能把人颠散架，而在路基之上还铺着一层大小不等的石头，有时候是沙子，而不管是石头还是沙子，汽车都难以忍受，更何况自行车。

而旁边的草地上经过汽车碾压形成的车辙印却显得光滑和平整，几乎所有的车都会到这种便道上去行驶。一旦这些便道沙化了，汽车就会向更远离主路的方向，轧出一条新的便道。在有的河谷里，这样的便道甚至可以并排达几十条，整个宽度都有数千米。

对于汽车来说，这样的便道是省力的，但对于草原，这样的便道却极为可怕，便道上不生草木，原来的草全部死亡，如果当地人无休止地制造便道，那么整个河谷很快就会沙化。

蒙古国政府为了解决这个问题，决定在全国范围内修筑一条柏油公路。那些支持修这条路的人的观点之一，就是修好了柏油路，能够解决便道和沙化的问题。但据说工程已经进行了十年，进展连一半都不到。在西部也可以看见零零星星的柏油路，但大部分地区仍然是可怕的土路。

我在泥水和土路上挣扎了半天，看到白湖的时候天上仍然在落雨。在阴雨天里，白湖显得如同一个脏兮兮的小水潭，丧失了原有的灵性。我浑身冰凉，连个避雨的地方都找不到，也没有心思观察湖泊。

道路在白湖的南岸延伸，直到快离开白湖的时候，天空才开始放晴。白湖的水也从混浊的灰色变成了透明的蓝色，显出些夏日里的灵气。

经过塔利亚特村（Tariat）时，我被村庄的招牌所吸引。在路的中央，这里的人立了一根水泥柱子，柱子上挂了一个废弃轮胎，轮胎上用白漆写着村庄的名字，看上去很有美国西部的风范。

离开白湖后我来到一片美丽的谷地，此时天已经放晴，谷地里的河流在阳光的照射下如同宝石般闪烁。我突然听到头顶上有一种挂哨的声音，如同有个物体快速地掠过，抬头一看，发现是只老鹰抓住了一只小鸟，正张开翅膀快速降落，那声音就是降落时发出的。

早期到达过蒙古和东方的欧洲人大都记载了蒙古人对鹰的痴迷，因为鹰和蒙古人最喜爱的活动狩猎有关。去过蒙哥汗宫廷的修道士鲁不鲁乞记载：

他们有大量的鹰、白隼和隼，他们把这些鸟放在右手上。他们经常在鹰的颈子周围系一根小皮带，这根小皮带挂到鹰的胸前；当他们把鹰掷向它捕捉的动物时，就用左手拉皮带，把鹰的头和胸向下拉，这样它就不会被风吹回来或者向上飚去。他们通过打猎获得他们食物的一大部分。

而在大汗宫廷里观看过大汗行动的马可·波罗则记录了更多的细节。他首先告诉我们，蒙古人训练的鹰甚至可以猎狼，然后，他大段地描写了大汗的养鹰和狩猎活动：

　　大汗平时住在都城，在每年三月离开此地，向东北方前进，一直走到距海仅两日路程的地方。有一万名鹰师同行，他们携带着大批的白隼、游隼和许多兀鹰，以便沿河捕获猎物。大家必须知道，皇帝并不把这么多人集合在一起，而是分成无数小队，每队一二百人，或是更多一些。他们向各个方向进行狩猎活动，绝大部分猎物都被送到大汗面前。此外，大汗还有支一万人的队伍，叫作塔斯科尔，意思是"看守鹰群"的人。为了看好鹰群，大汗将这一万人分成两三人一队的小队，每小队相距都不远，以便能布满广大的区域，从事看守鹰的工作。他们每人备有一个哨子和一块头巾，必要时，用这两样东西就能收回飞鹰。当放鹰的命令发出后，放鹰的人用不着跟着鹰走，因为还有另一批人负责看守这些鹰，防止它们飞向任何不能收回的区域。如果有这种事情发生，他们立即起来加以援助。

　　大汗或贵族的每一只鹰的腿上都系有一块小银牌，上面刻有主人和看守人的名字。因为有这种防备措施，所以一旦将鹰收集回来，马上便可知道是属于谁家的，并可立即物归原主。如果小牌上虽有名字，但发现鹰的人无法查明鹰主，那么发现者就将鹰送交一个叫巴尔加格奇（无主财物监护官）的官员。

　　即便到现在，蒙古草原上也有大量的鹰隼。几乎每天我都会在路边、草地上，或者天空中找到它们的痕迹。有一次，路边见到一只已经死亡的鹰，它仍然张开翅膀，仿佛在怀念着天空。

　　就在我继续在谷地骑行的时候，突然背后传来了突突突的马蹄声，我连忙回头，见一位骑马的少年正跟在我的身后，他的神色有些慌张，大概没有料到我要回头。

　　这位少年穿着传统的蒙古族装，看上去不到十岁，个头儿很小，额头上全是皱纹，显得颇有心计。虽然年纪小，却如同长在马上一般稳健。在我打招呼的工夫，又有两位少年骑马来到，他们威风凛凛地站在我身后。

　　在旅行中，我总是坚持一个原则：必须看到有大人在旁边，才会与孩子打交道。这是因为大人往往熟悉社会礼仪，而孩子在文学作品中往往被冠以可爱的名目，而现实生活中却可能表现得自私和没有法度。

皱纹男孩在这三个孩子中最小，看上去却是他们的头目。事后，我复盘整个事件，才明白情况大概是这样的……

"滚回去，不准你从这里过。"皱纹男孩说。

"你好，你们好。"我由于听不懂，友好地和他们打着招呼。

"滚回去！"

"你们想骑我的自行车？"我望着他们的表情猜测说。

他们大概弄明白了我的意思，摇了摇头。"滚回去！"皱纹男孩继续说。

"你们是想照相吗？"我又问道。

他们不知道我说什么，当看到我拿出相机的时候，两个大一点儿的男孩摆出了姿势，我想我猜对了，给他们照了张照片，并让他们看着，两个大男孩露出了笑容。

"滚回去！"皱纹男孩指着我来时的方向说。

"你是说那个方向？对，我是从那个方向来的……乌兰巴托，我从乌兰巴托骑自行车过来，经过哈拉和林、车车勒格，去乌里雅苏台……你们还有别的事吗？我要上路了。"

我本能地感觉到了他们的怪异，想骑车尽快离开。和他们挥手告别后，我上了自行车。他们策马在我背后哒哒哒跟着。我的自行车速度比不过马匹，很快他们就超过了我。我喘着粗气朝他们竖起了大拇指，并放心地望着他们向着路的另一侧走去，在几公里外有几个帐篷，我希望他们就住在帐篷里，现在是回家去了。

但我骑了不到一公里，其中的两个孩子，包括那个皱纹男孩，又策马追了上来。

"滚回去！"皱纹男孩继续说。

"对，乌里雅苏台。"我瞎猜说。

"China？"皱纹男孩突然问道。这个词我倒能听懂，这是当地人对外国的专有名词，基本上是英文的音译，很容易懂。我点了点头。

"China！"皱纹男孩指着我说，"Mongol！"他自豪地指了指自己。接着从怀里掏出一块石头朝我扔了过来，没打中。

他的第二发石头又扔了过来，这次打中了我的包。

我决定不予理睬。对于这样的孩子，你是没有办法的。于是我骑车离开，皱纹男孩的石头用完了，他们也策马离开。

谁知行进不多久，他们第三次追了上来。"China！"皱纹男孩指着我说，"Mongol！"他拍了拍胸脯。接着又掏出了石头。看来他的行动是程式化的，一定是从某个电影或者电视中学来的。他的同伴在旁边默默地看着，眼神游移不定。

我停下车，躲过了他们的石头。指了指帐篷，对他的同伴喊道："把他带回去！"这是我唯一能做的，他们只是孩子，我不能反击，也无法跟他们讲道理。哪怕有一个大人在场都不会发生这样的事情。

他的同伴听见我一喊，似乎也下了决心，从怀里掏出了石头，向我扔来。

不过这次，由于猎物的反抗，他们一人扔了两块石头之后离去，再也没有返回。

接连两天，我的脑海中总是闪现出那位皱纹男孩的面容。他不到十岁，却少年老成，表情中带着中年人的深思熟虑。这是我在蒙古国遇到的唯一一次袭击，而之后越往西部，当地人所表现出来的友善越能打动我。

但几位男孩子却让我做出了一个决定：放弃库苏古尔之行。由于路况的难度超出了我的预期，我预计只能骑 2000 多公里，加上此次被砸之后有点心灰意冷，便减少了中部的行程。

当天我在一个有小岛的湖边扎营。小岛上停满了水鸟，显得颇为有趣。这是天堂才有的美景，可我仍然没有从当地孩子的袭击中缓过神来。很多国家都或多或少会有排外情绪，但在蒙古国的旅行让我观察到，虽然有些人对"外国人"充满了防备，但在对着我这么一个活生生的、具体的人时，大多数当地人却是友善和好客的。

当天夜里，我仿佛梦见那位皱纹男孩变成了年幼的铁木真。在是个孩子的时候，铁木真也曾经表现出莽撞和自私。正是他用箭射杀了自己同父异母的弟弟别克帖儿，原因是别克帖儿是唯一不服从哥哥的弟弟。

根据《蒙古秘史》的记载，铁木真伙同另一位弟弟也是从背后偷袭了别克帖儿，当别克帖儿发现的时候，哥哥铁木真已经拉弓对着他了。不管别克帖儿哀求还是晓之以理，都没有用，他们杀害了同父异母的兄弟……

蒙古帝国正是靠这种勇武精神得以创立，却又因为成吉思汗死后，无人能像他一样足够勇武服众而分崩离析。人类社会的很多方面并非完全符合道理和逻辑，我们能做的，就是避免自己被伤害，并认真思考为什么会这样。

为什么蒙古人会占领如此广大的地域？

如果把目光放高一些，我们就会发现蒙古的征服并非不可理解。如果拿出一个地球仪，以哈拉和林为中心画一个圆，就会发现蒙古帝国征服的疆域大部分处于以4000千米为半径的圆圈之内，并根据地理和民族分布做一些微调。

中国部分只有3000多千米，是因为中国南部多山，且越南、泰国、缅甸等国家与中国人差别很大，处于另一个亚文化带。欧洲部分在4000多千米处，最远时达到5000千米，是因为俄罗斯草原过于平坦，一旦开了头，就可以马不停蹄一直前进到波兰和匈牙利一带。中亚、伊朗、西亚一带也可以达到5000千米，是因为蒙古对这一带用兵的力度更大，也因为这里恰处于一个衰落时期。

但总的来说，蒙古帝国是以蒙古本部为中心向四周征服的结果，就如同在哈拉和林扔了块石头，水波荡漾开去，达4000千米之外，这片土地就是蒙古帝国的疆域。唯一没有掀起涟漪的是北方，这是因为北方气候过于寒冷，超过贝加尔湖一线，就连游牧民族也无法生存了。

成吉思汗的征服首先从今天中国的北方、西北方为开端，包括对金国的征讨，对西夏的用兵，以及新疆地方的归顺。

前面已经提到，蒙古人和契丹人、回鹘人保持着良好的友谊，与金国有着世仇，而对西夏也并无好印象。他统一了本部，召开大忽里勒台成为成吉思汗之后，首先对西夏和金国用兵，就不令人感到意外了。

由于金国过于强大，他首先选择了西夏王朝，试图从西方孤立金国。西夏的党项人从源头上属于羌族，与藏族有着千丝万缕的联系，他们在数次迁移之后占领了宁夏银川一带，并逐渐吞并了甘肃、陕西的一部分，成为中国北方的强权。公元1205年到1209年，成吉思汗三次攻打西夏，迫使西夏国王求和。

保证了西夏的归顺之后，成吉思汗开始对金国用兵。从1211年开始，成吉思汗挥兵南下金国，从山西、河北、辽宁三方面用兵进入金国的领地。蒙古兵虽然取得了无数胜仗，却始终无法攻入重兵把守的北京城（金中都）。

几年后，金国求和，金国皇帝在取得和平后将宫廷撤出中都，重新定都开封。这给了成吉思汗机会，他再次挥兵南下，从已经丧胆的守将手中夺取了中都。这里成为蒙古人未来的政治中心。

蒙古与金的战争变得长期化了，成吉思汗留下木华黎率军继续作战，自己则离开了中原，开始了西征。

在与西夏和金国搏斗时，蒙古人的部队并没有显示出如同未来那样摧枯拉朽的优势。这主要取决于中原文化的发达，即便城市被围困了，从经济上也可以长期支撑，不会立刻出现食品危机，而蒙古人也还没有学会如何进攻定居者的城市。

但成吉思汗此刻一定已经在考虑未来屡试不爽的计策：心理震撼。当游牧民族进攻城市时，最好的方式不是直接进攻，而是制造恐怖。以后在进攻西方时，蒙古人屡次将抵抗的城市夷为平地，并杀人灭口，而对不抵抗的城市给予优待，甚至只派一个人发号施令，而保持原有的政治架构不变。

可以说，与西夏和金的战争虽然暂时没有获得太多土地，但锻炼了军队，在西征中，这样的锻炼显出了成效。

在西征之前，成吉思汗还需要解决新疆一带的小烦恼。这个烦恼来自新疆一带的乃蛮人残部，而乃蛮人残部不仅给他带来了新疆畏兀儿人（回鹘人）的地盘，还把西方霸主喀喇契丹人一并解决了。

当然，用"解决"这个词是不恰当的。畏兀儿人和契丹人都是蒙古人的朋友，而他们是在乃蛮人屈出律的威胁下，主动与蒙古人联合的。

当乃蛮王塔阳汗战败被成吉思汗所杀后，他的儿子屈出律却逃到了别失八里

（在新疆的东北部），进而投奔了喀喇契丹人。而喀喇契丹经过耶律大石的强盛之后，开始走下坡路。屈出律在喀喇契丹密谋反叛，联合从西方兴起的花剌子模人，分裂了喀喇契丹，占领了契丹人的领土。与此同时，新疆北部和中部地区的畏兀儿人也受到了这群强权者的威胁。

畏兀儿人的亦都护为了自己的安全，投靠并臣服了成吉思汗，于是，蒙古人作为解放者占领了北疆。他们又作为解放者向西进军，打败了屈出律，把如今的伊犁、喀什和和田也收归已有，直到新疆西方、紧挨着新疆的费尔干纳地区。受屈出律奴役的喀喇契丹人同样欢迎了成吉思汗的到来。

这时的成吉思汗已经占有整个蒙古、新疆，以及华北的北部地区。对于一个游牧政权来说，他的地盘已经足够大了。但谁也没有想到，这只是他征服的序幕而已。接下来就是更加强大的花剌子模了。

7月18日早晨，终于看到了晴天。这一天我翻过了一座山口，在一片美丽的谷地里骑行。下午，到达了通往库苏古尔的岔路口。

库苏古尔是旅行者最偏爱的目的地。它景色优美，与乌兰巴托距离适中，不像更加遥远的西部，即便拥有风景，却由于更难到达而被大部分旅行者放弃。

由于已经决定放弃去库苏古尔，我将顺着向西的路去往一座叫作陶松臣格勒（Tosontsengel）的城市，从陶松臣格勒再南下去往乌里雅苏台。

从岔路口到陶松臣格勒是沿着一条河谷前行。两边的山脉已经不再像之前的山一样和缓圆润。这里的山已经带上了悬崖和峭壁。不过，从这里开始，我的自行车要经受新的地形考验：沙地。蒙古国西部沙化严重，许多地方本应该是沙漠，只不过是在沙子上面长了一层草，一旦草皮死去，就立即变成一片沙滩。顺着河谷向前，即便是主路上也覆盖着厚沙，骑起来非常费劲。

更为恼人的是，快到达河谷里一个叫作大乌尔（Ikh-Uul）的小镇时，我的自行车第一次爆胎了，我跳下来检查，发现前轮的外胎侧面已经开裂，外胎的破损处把内胎夹裂了。我只带了一条备用的外胎，必须换上去，这意味着接下来的路程里我必须小心翼翼，保证外胎不能再出问题。

在路上，自行车出问题总是最伤脑筋的事。之前在西藏骑行时，除了爆胎之外，另一个经常出的问题是辐条断裂。当车轮上有一根辐条断裂后，如果不及时更换，其他辐条也会接二连三地断掉。如果换上的辐条没有调好松紧，也会接二连三出问题。

多亏王友民把他的车保养得不错，我一直撑到现在才第一次遇到问题。我找了条新的内胎换上，把备用外胎也用上了。至于破掉的内胎，等傍晚扎营时再考虑修补。

当晚，我在河边扎了营。蒙古草原的水边总是最美丽的地方，不管是河边还是湖边，都饱含灵性。到达西部后，雪山环绕下的湖泊和河边的美更是令人难以忘怀。

在河边，几头小牛好奇地在我的帐篷边嗅着，天快黑时，几个放牛的孩子把小牛赶走了。不远处就是牧人的帐篷，孩子们显得快乐、友好。他们的出现解开了我前一天的心结，并让我在未来的行程中与当地人越来越接近。

7月19日，路更难走了。在河谷里的许多地段已经必须下来推行。按照计划，今天我将从陶松臣格勒穿过，并在陶松臣格勒以西三十多公里的地方向南折行。南方就是高耸的杭爱山脉。不过这一天我还没有办法到达杭爱山，预计将在第二天穿越整个山脉，然后才能到达乌里雅苏台。

陶松臣格勒是河谷间的一座小城，大约与中国北方的一个乡规模差不多，却是蒙古国扎布汗省（Zavkhan）的第二大城市。城市中间有一小截柏油路，但城外就是厚厚的沙地。由于火腿已经不够了，我在商店里买了根牛肉火腿。与在车车勒格购买的猪肉火腿相比，牛肉火腿的味道稍差一些。蒙古国畜牧业以养牛为主，虽然我也在草原上看到奔跑的家猪，但从数量上少得太多，几乎可以忽略不计。

为了补充维生素，我还特意购买了一罐蒙古国产的蓝莓酱，大约一斤半。不过，我可不想把蓝莓酱放起来每次只往面包上涂一点儿。出了城，我坐在山坡上把蓝莓酱打开，用手抠着如同吃山楂糕一样，一下子吃了一半，剩下的一半当天晚上就解决了。

出了城，岔道也越来越多，我时时刻刻望着路上，生怕错过了向南走的路口。

蒙古国西部的道路很少有十字形的交叉口，道路即便要拐弯，也总是偷偷地画一个半径几千米的大圆，在人们还没有意识到的时候，便已经拐了弯。更何况这些道路本身只是一些车辙印而已，更增加了辨识的难度。

果然，在一个小山口上，向西的道路分了岔，一条在南方，一条在北方，两条路中间隔了几十米。如果不仔细看，会以为这两条路不久就会汇合，继续向西。几千米后，南方的路突然向南偏了一点，偷偷地远离了北方的路，经过几千米后，才转变为向着西南方向前进。

不过，并没有时间给我庆幸，这条路通向一大块雷雨区。没走多久，我的上空阴云密布，在右方的侧面还有两片巨大的雨云，雷声隆隆，即便在白天也能看见闪电的光亮，这一切让我心惊胆战。

我拼命踩着自行车，希望尽快地逃离头顶的黑云。在我身后不远处，雨点已经落了下来，我甚至可以听到几十米外雨点打到地面上的声音。

如果有一个人站在局外，会看到这样的景象：雨点如同一头野兽一样跟在我的身后，我拼命骑车想甩开雨点的追击，但它们不快也不慢，恰到好处地跟着，就在我刚走过，雨点就会跟上来。我气喘吁吁地骑了十几公里，雨点的声音终于距离我远了一点。就在我准备喘口气的时候，突然间大雨如注，雨终于追上了我。

但雨来得快去得也快，天边的夕阳发出橘色的光芒时，我的头顶又已经是蓝天了。在我身后的黑云旁出现了一截彩虹，这是雷雨捉弄过我之后留下的奖赏。

在河边扎营时，我拍下了进入蒙古国以来最满意的一张照片。静静的河流旁是我的帐篷和自行车，远方绿色的草原和起伏的山峦上空，是蓝色的天空和如丝般的白云。这就是蒙古草原。在这里，我也突然意识到，第二天就要翻越杭爱山了。那是一种憧憬，也是一种忐忑。这座历史上如此有名的山脉将带给我什么？

当年蒙古人的历次西征，杭爱山都是他们最先越过的地方。过了杭爱山，就离开了家乡，即便出征的勇士，也会站在山口蓦然回首。

成吉思汗继承了喀喇契丹国的霸权，取得了新疆地区之后，下一个目标就是中亚，特别是肥沃的河中地区。他将遭遇的是另一颗冉冉升起的新星——花剌子模。与蒙古人是在成吉思汗手中统一、壮大并开始对外扩张一样，此刻的花剌子模也是刚刚统一了中亚，它在英明有为的苏丹摩诃末的带领下，从喀喇契丹的霸权中挣脱出来，夺取了喀喇契丹的西部领土，并在和南方穆斯林的战争中将他们一一降服。可以说，西方的花剌子模和东方的蒙古一样强大和自信，他们都有着继续扩张的动力。在当时人看来，胜负也并不是那么显而易见的。

关于花剌子模的起源，可以追溯到塞尔柱突厥统治中亚的时代。在塞尔柱之前，从阿拉伯半岛到河中、波斯的广大领土属于阿拉伯人建立的哈里发帝国。随着哈里发国家的衰落，塞尔柱突厥人攫取了帝国的守卫权，他们表面上仍然尊奉哈里发，实际上却以苏丹的名义统治着这片土地。

在塞尔柱苏丹时期，一位官员的奴隶由于勤奋和精明，逐渐在朝廷中担任官职。而塞尔柱朝的官职与封地是联系在一起的，即一个官职对应着一片封地，担任此官职的官员要靠这片封地的出产来供养。而这位名叫讷失的斤的人封地在咸海南岸的一个叫作花剌子模的地方。后来，这个地方成了王朝的名字。

他的儿子获得了花剌子模沙的封号。而他的孙子阿即思已经强大到可以和塞尔柱苏丹对抗的地步了。

随后的几代经历了混乱，直到一个叫帖乞失的人在喀喇契丹的帮助下登上了花剌子模沙的王位。帖乞失先是和弟弟苏丹沙缠斗多年，之后开始南征北战的征服历程，他的铁骑到达过中亚的每一寸土地，将大部分城池划入了花剌子模的势力范围。

公元 1200 年，当苏丹帖乞失死去时，花剌子模已经有了帝国的架构，而此时的铁木真还在联合王罕力争东部蒙古的统一。

接替苏丹帖乞失的是他的儿子，著名的苏丹摩诃末。摩诃末在短短的十几年时间里归并了波斯和阿富汗地区大大小小的政权，从山区的古尔王朝，到里海南部诸国，都统一在苏丹的手中。

之后，摩诃末决定对曾经的主人喀喇契丹作战。喀喇契丹占领了中亚最富裕的河中地区，那儿有历史名城撒马尔罕和布哈拉。此刻的摩诃末很像另一个成吉思汗,他已经拥有了半个世界,还想着把世界剩余的部分收入囊中。借着和乃蛮残部屈出律的联盟,两家共同瓜分了喀喇契丹国。由东方契丹人建立的佛教国家在中亚终于衰亡了。

但摩诃末没有想到的是,在喀喇契丹国败亡之后,他的同盟者屈出律并没有享受太多的好日子,就被一个名不见经传的部落干净利落地收拾掉了。喀喇契丹国的东部也落入了这个部落的手中。这个部落还向南占领了和田和喀什,一步一步推进,看上去那么胸有成竹、从容不迫。

这个部落就是成吉思汗的蒙古人。

当花剌子模吞并了河中、波斯、阿富汗和西亚时,当蒙古人统一了整个蒙古,并吞了中国北方时,两大强权在没有做好准备的情况下,就共享了漫长的国境线。

摩诃末征服喀喇契丹之前,有人劝说他:喀喇契丹是一个缓冲国,他的存在能够减少花剌子模面对东方未知敌人的风险。摩诃末被领土勾起了欲望,无法接受这样的建议。当蒙古人真的出现时,这个预言变成了现实,而留给摩诃末的时间已经不多了。

留给成吉思汗的时间也并不多。两个新兴、充满活力的国家相遇时,胜利者往往能够赢者通吃。失败者仿佛在为胜利者做嫁衣,它先前统一的地域会被胜利者不费吹灰之力收入囊中,节省了统一成本。

两位王者都身经百战,是一代王朝的创始人。他们有着足够丰富的战斗经验,也拥有巨大的威望。在这样的情况下,决定胜负的到底是什么?是军事作战技巧。

苏丹摩诃末虽然一生中大小战斗无数,他继承的却是中亚和波斯人的战法,即:战争中的军队以联军为主,兵力从各个附庸国抽调,指挥形式相对松散。而在战争的同时,主要运用政治手段同时打击敌人,利用合纵连横之法引诱敌人的盟友背叛。

成吉思汗在统一的过程中,却创建了一套崭新的军事架构。在这个架构中,他依靠军队对他的忠诚来进行指挥。每一个将领对于大汗本人都绝对服从,而二级将领又完全服从于一级将领。在兵员上也采取了全民皆兵的方式，蒙古社会完全按照出兵的数量进行划分，设十夫长、百夫长、千夫长、万夫长进行统治。

这样，大汗一旦下命令出兵，蒙古人虽然看上去是松散的游牧人群，却可以在极短的时间内从社会上募集到最多的兵卒，并保持对于领袖的绝对忠诚。他们会尽自己的全力去争取胜利，不会背叛，更不会逃避。

当蒙古人铁的纪律和顽强的精神与西方穆斯林的浪漫、神秘主义相撞时，胜负在未开战时便已分出来了。

只是，当事情发生时，当事人永远无法提前知道结局。双方最初都在试探着对手。摩诃末曾经派人打探蒙古人的虚实，蒙古人也对花剌子模人极为客气。那时成吉思汗也摸不准对方的实力，更倾向于将对方当作和自己对等的强权。此刻，如果双方都不犯错误，那么这样的政治平衡还会持续下去。

但就在1218年时，一切都结束了，花剌子模人首先犯错。

志费尼在他的书中详细记载了两大强权的恩怨起源。蒙古人由于是游牧民族，需要的物产往往靠商人的输入，成吉思汗对于商人总是加以大力保护，并给出高价购买。中亚的穆斯林商人们也把他当作最好的买家。

一次，当穆斯林商人们返回时，成吉思汗让他的部下从部族中抽调了一批人，跟随他们去中亚搜集奇珍异宝。这个庞大的450人的团队出发了。

由于蒙古人对待花剌子模的商人一直很友好，他们也指望获得同等的待遇。成吉思汗甚至给花剌子模沙写了信，希望建立贸易、互信和友谊。志费尼记载的信是这样写的：

你邦的商人已至我处，今将他们遣归，情况你即将获悉。我们也派出一队商旅，随他们前往你邦，以购买你方的珍宝；从今后，因我等之间关系和情谊的发展，那仇怨的脓疮可以挤除，骚乱反侧的毒汁可以洗净。

但令蒙古人没有想到的是，这队蒙古商人到达讹答剌城的时候，该城的主帅得到了花剌子模沙的默许，将蒙古商人尽数杀死。只有一个人逃离了灾难，把悲惨的消息带给了成吉思汗。志费尼感慨地说：

> 哈只儿汗（讹答剌的长官）执行苏丹的命令，剥夺这些人的生命和财产，更恰当地说，他毁坏和荒废了整个世界，使全人类失去家园、财产或首领。为他们的每一滴血，将使鲜血流成整整一条乌浒河；为偿付他们头上的每一根头发，每个十字路口都要有千万颗人头落地；而为每一个第纳尔，都要付出一千个京塔尔。

成吉思汗决定为他的子民报仇。1219 年，成吉思汗率领大军跨越蒙古西部，在新疆北部的也儿的石河（额尔齐斯河）集结。而我所走的线路，就是当年蒙古人西征时的道路。我过境回到中国的地方，就在当年蒙古大军路过的地方附近。

这是一次足以改变历史的西征。当我们惊叹蒙古人如何征服如此广阔的土地时，却很少意识到，他们其实只用了三次西征就做到了，而第一次西征尤其是决定性的，它不仅把西方直接和蒙古对位的大帝国消灭，还让成吉思汗和他的部下开拓了眼界，意识到世界的广阔。他们自由地策马驰骋，将一切能够到达的地方收入囊中。

就像成吉思汗一样，花剌子模沙摩诃末知道自己遇到了强劲的对手，但两个人的反应已经可以看出成败的痕迹。成吉思汗倾尽全力率队西征，冲在最前方，而摩诃末却在后方指挥，依靠着各地的将军们各自为战。他显然对于政治权术更加擅长，这次却碰到了一个对政治毫不在意、对目标穷追不舍的对手。

杀害蒙古商人的讹答剌成了首要的目标。河中地区主要是东边的锡尔河和西边的阿姆河围成的河谷地带。这两条河对于中亚，就相当于幼发拉底河和底格里斯河之于巴比伦，长江和黄河之于中国。在锡尔河和阿姆河之间有两座名城分别叫作撒马尔罕和布哈拉。而在阿姆河的下游靠近北方咸海的位置，就是花剌子模地区，也是摩诃末帝国的心脏，花剌子模的首都玉龙杰赤就在阿姆河的西面。

讹答剌位于锡尔河的东面，面向蒙古人进攻的方向，也是蒙古人最先到达的地方。成吉思汗到达讹答剌后，并没有把所有的军队耗在这里，而是迅速将军队一分为四，他的儿子察合台和窝阔台负责进攻讹答剌，术赤带人沿锡尔河北上作战，另一部分人则南下进攻锡尔河上游的费尔干纳地方，成吉思汗本人则率军渡河直捣布哈拉。这样多点作战的方式让花剌子模的人们猝不及防，摩诃末始终没有敢亲自上阵。

志费尼详细记述了这次西征，在讹答剌，守城的哈尔只（也是杀害蒙古商人的人）坚持了五个月，虽然摩诃末曾经拨给他五万人马，但最终城内人的处境变得越来越绝望。他的部下乘夜间逃走，放弃了外城，哈尔只带着两万人在内城又坚持了一个月，最后拼到只剩下他和另外两个人。

蒙古人攻入内堡，把他们困在屋顶；但他和他的两个同伴仍不投降。因为士兵奉命要生俘他，不要在战斗中杀死他，所以他们遵命没有杀他。这时候，他的同伴已尽忠殉节，他也没有武器了。因此妇女们从宫墙上把砖头递给他；砖头又用光了，蒙古人围拢来逮他，给绑个结实，系上沉重的铁链。内堡和城池被夷为平川，然后蒙古人离开，那些刀下余生的庶民和工匠，蒙古人把他们掳掠而去，或者在军中服役，或者从事他们的手艺。

志费尼是伊斯兰教徒，对于花剌子模的一切都有感情，但他本人又在蒙古人的官府中担任高官，对蒙古人满怀崇敬。这种纠结却让他写出了最悲壮的文字，来纪念战争的双方。他不去丑化任何一方，只是将不同的结局归于命运或者个人选择。

在志费尼笔下，败方花剌子模最大的英雄非帖木儿蔑里莫属。帖木儿蔑里是费尔干纳首府苦盏的守将，由于苦盏地处锡尔河边，帖木儿蔑里在锡尔河中央的一个沙洲上建立了一座堡垒，蒙古人的攻城器械和投石器伤害不到这里。而他却时常派出船只去骚扰蒙古人。

帖木儿蔑里造好十二艘密封的船，蒙上湿毯，外涂一层揉有醋的黏土，留有窥视孔（作为发矢之用）。每天拂晓，他派六艘这样的船，向一方驶去，他们进行激战，不畏弓矢。蒙古人扔进水里的石头、火油和火种，他们不时清除干净；他还经常在夜间奇袭蒙古人。蒙古人试图阻止这类骚扰，但未见成效，尽管弓弩和投石机都使用过了。

当守军的人数终因消耗过大而越来越少的时候，帖木儿蔑里意识到，除了逃走没有别的办法。但四周都是蒙古人的军队，他又如何逃走？逃到哪里去？他采取了一个令人意想不到的方式：把辎重、财物搬上了七十艘船，自己率人登上一艘大艇，燃起火把，如同闪电一般顺流而下。如果一切顺利，宽阔的锡尔河会把他带进北方的咸海。

但蒙古人也有对付他的方法。蒙古人先是在岸上跟随着他的船队，被他用弓矢打退了。当船队顺着河流到达下一个城市费纳客忒时，这座城市已经被蒙古人占领了。为了拦住他们，蒙古人拦江拉起了铁链。但这次蒙古人又失败了，帖木儿蔑里将铁链斩断，继续前进。

接下来，到了下游的毡的和巴耳赤，这些地方已经被攻打下游的术赤占据。术赤在毡的拉了一排船，在船上架好了火炮，专门等待这些逃亡者前来。但术赤也失算了。还没有到达毡的，帖木儿蔑里突然决定上岸奔逃。

（蒙古人）紧追不舍，他这方面则打发辎重先行，亲自殿后厮杀，像条好汉挥舞刀剑。辎重在前面走了段路，他再赶上去。当他用这种方式打了几天仗后，他的人马伤亡过半；日益强大的蒙古人抢去他的辎重。他仅留下几个扈从，但仍然进行抵抗，尽管没有作用。随身几人又战死沙场，他也手无武器，只剩下三支箭，其中一支既破又钝，这时，他被三个蒙古人追上。用那支钝箭，他射瞎一个蒙古人的眼睛。以此，他对另外两个蒙古人说："我还剩两支箭。舍不得用，却刚够你们二位消受。你们最好退回去，保全你们的性命。"蒙古人因此退走；他抵达花剌子模，重新准备战斗。

但不管花剌子模的将军们如何英勇，蒙古人却利用更加可怕的纪律性战胜了他们。荡平了锡尔河岸之后，中亚名城布哈拉和撒马尔罕也相继被攻克。苏丹摩诃末逃往了南方的呼罗珊地区。这时成吉思汗再次分兵，让他的儿子术赤、窝阔台、察合台向北进攻花刺子模的老巢玉龙杰赤，他本人率兵南下，去进攻花刺子模的领地阿富汗，他的小儿子拖雷向西南前进，征服呼罗珊，而两位大将速不台和哲别则率兵向更西方前进，追击逃窜的苏丹摩诃末。

在这之前，蒙古人虽然在争斗中极为英勇，也出现过多次虐杀的现象，但还没有将未来的屠城发展到极致，接下来，呼罗珊、阿富汗的人们终于明白了蒙古人有多恐怖。

在现代科幻电影中，人们常常看到这样的场景：也许你昨天还不知道外星人的存在，但今天你就突然遭到了外星人的攻击，整座城市都在着火，人们四散奔逃，却无法改变被毁灭的命运。

如果把这个情节移到中世纪的中亚，则完全符合当时人们遭遇蒙古人的军队时的情况：在几年前，还没有人听说过蒙古人，也无法想象在北方那落后的草原上竟然有一支毁灭性力量。但很快，人们就听说有一支叫作蒙古人的部队杀来了，他们很快出现在城下，将城池围得水泄不通，并开始攻城。当城市守将投降后，蒙古人将市民们集中起来，送到郊外，在城市里进行抢劫，并放火烧掉了一切。最后，蒙古人来到城外将人们全部杀死——直到你的头颅从肩膀上跌落时，你才相信眼前发生的一切都是真实的。

在花刺子模的中心玉龙杰赤，志费尼记载，蒙古人"攻占一间接一间的住宅，一所又一所的房屋，蒙古军拿下城池，一面摧毁建筑物，一面杀戮居民，直到整个城镇最后落入他们之手。接着，他们把百姓赶到城外；把为数超过十万的工匠艺人跟其余的人分开来，孩童和妇孺被夷为奴婢，劫掠而去，然后，把余下的人分给军队，让每名军士兵屠杀二十四人"。志费尼说，由于蒙古人在玉龙杰赤杀人太多，他不敢相信听说的数目，所以不记载具体的数目了。

在南方的忒尔迷，由于当地人不肯投降，进行了抵抗，城破后居民悉数被杀，无一幸免。

在南方重镇、中亚通往阿富汗的要道巴里黑，居民虽然投降，但成吉思汗不信任他们，于是下令"把巴里黑人统统赶到旷野，按惯例分为百人、千人一群，不分大小、多寡、男女，尽行屠戮，没有留下一丝行迹"。

当成吉思汗从白沙瓦回师时，又发现巴里黑有许多幸存者藏身于角落、洞穴，又下令再次屠杀。

在以大佛著名的阿富汗名城巴米扬，该地居民在抵抗时杀死了成吉思汗的一个孙子。于是，成吉思汗下令"把所有动物，从人类到牲口，杀个精光；不许留下俘虏，哪怕孕妇腹内的胎儿也不得饶过；今后不许动物居住在这个地方……时至今日，没有动物在其中安居"。

哥疾宁由于是摩诃末沙的儿子扎兰丁的根据地，该地百姓自愿投降，但窝阔台命令"把他们全赶到城外，那里，工匠一类的人留在一边，其余人被处死，城镇也遭摧毁"。

在所有的屠戮中，以呼罗珊地区受到的破坏最严重，这里的人遇到了蒙古人的杀手一号：拖雷。志费尼记载，"刹那间，一个遍地富庶的世界变得荒芜，土地成为一片不毛之地，活人多已死亡，他们的皮骨化为黄土。俊杰被贱视，身罹毁灭之灾"。

呼罗珊的大城市木鹿，也是丝绸之路的中心枢纽，不管丝绸之路如何分分合合，但几乎所有的路都要经过的城市就是木鹿。志费尼的叙述证实了这个结论："在呼罗珊诸地中，它的幅员最广阔，境内飞翔着和平、吉祥的鸟儿。它的首领人物之多，不下于四月的雨滴，土壤可与天堂相媲美。"

由于在木鹿附近，人们袭击了一支800人的蒙古军队，让他们横尸沙场，并俘获了60人，示众然后处死。拖雷来到后，尽管木鹿在围攻之下献城投降，拖雷仍然只留下了400名工匠，其余人不管男女老幼全部杀死，一个不留。每个蒙古兵要杀300到400人。

拖雷大军走后，那些逃走的人大约有5000人回来了，他们遭遇了另一支殿后的蒙古军队，又一次遭到屠杀。剩下的人还没有绝迹，当哲别西征归来时，再次屠杀。

志费尼告诉我们，木鹿的居民被屠杀了130万以上。

但木鹿的劫数还没有结束，各地的百姓因为木鹿的富庶，在形势安定后纷纷到木鹿来寻找生路。但这里恰好又被某支游击队用来当作反抗蒙古人的大本营，于是蒙古大军如旋风一般赶来，百姓再次遭到毁灭，十万人以上遭到屠杀。

但这还不是结束，木鹿接下来又遭到过一次洗劫，经过四次轮番屠杀之后，城内除了几个住了十年的印度人外，无一活人。

呼罗珊另一座名城尼沙不尔，之所以遭难，是因为他们在反抗中击毙了成吉思汗的一个女婿。结果，拖雷在攻下城池后，下令连猫狗都不得留下。"他们割下死者的头，堆积如山，又把男人的头和妇女、儿童的头分开来。"

一系列的屠杀和攻城之后，成吉思汗的第一次西征告一段落。这次西征主要针对的是花剌子模，他们击溃了花剌子模，占领了花剌子模在中亚、波斯等地的领地，直达现在的巴基斯坦境内。他们大都针对的是亚洲的高山、草原和绿洲，还没有深入到欧洲境内。

不过，第一次西征还留了一个小尾巴，这个小尾巴看似一次无心插柳，却给蒙古人打开了另一扇窗，那就是哲别和速不台的远征。

成吉思汗决定回师时，把两位最英勇的将军继续留下了，他们负责追击逃亡的花剌子模沙摩诃末，直到他被追到里海的一个岛上，死在了那儿。

哲别和速不台率军又进入了里海以西的高加索山区，从里海和黑海之间穿过，进入了欧洲境内。他们围着里海绕了个圈，回到了亚洲。在绕圈的时候，他们顺路和几个当地的国家发生了战争。这些国家中既有山区的阿兰人，也有南俄罗斯草原上的钦察人，更有欧洲血统的罗斯人，也就是俄罗斯人的祖先。

对于罗斯人的各个公国来说，蒙古人的到来也是灾难性的。罗斯人已经形成了自己的历史，他们最强大的公国是基辅，除了基辅之外，还有几个所谓的强国。这些国家的大公们都孔武又自负。突然有一天，在他们东方的蛮人钦察人向他们求援，说有一支不知从哪儿冒出来的丑陋的游牧民族从这里经过，他们要和钦察人作战，而钦察人请求罗斯的王公们支援。

这些罗斯的大公带着轻松和不屑的心情上路了，也许他们的脑海中还指望着赶快打完仗回家喝杯葡萄酒，但他们之中，有许多人再也见不到故乡了。罗斯和钦察联军被蒙古人击败，以基辅王公为首的俄罗斯王公投降后被蒙古人杀死。

在整个罗斯因为首领的被俘而感到震惊时，蒙古人却突然消失了。哲别和速不台率军东返，很长时间不再回来。

罗斯人既不知道他们来自何方，也不知道他们何时再来，蒙古人造成的心理冲击传到欧洲后，使得蒙古神话开始流传。人们无助地祈祷着，却无法做出有效的防范。

第一次西征也是成吉思汗一生的最高潮。回到蒙古草原后，他又开始远征西夏。对于一个出生在小山谷里的人来说，花剌子模已经是他对世界理解的极限，虽然哲别和速不台证明在更远处还有更多的人可以征服，但这样的功绩只能交给他的儿子们去做了。他在有生之年能做的，就是把近处的西夏拿到手中。

在西夏即将到手时，这个令世界颤抖的人死去了。他的死亡也注定了西夏的命运，当西夏首都兴庆府被攻克时，蒙古人再一次用屠城来悼念他们的领袖。

在结束了骑行归国后，我顺路去了位于宁夏的西夏王陵。在贺兰山麓，人们发现了一片巨大的如同金字塔般的土堆，经过研究才知道这是西夏王的陵墓，陵墓外面的飞檐和斗拱都已经无存，只剩下了一个个的大土包。这个西夏最神圣的地方在蒙古人时代遭到破坏，当蒙古人围攻西夏首都时，王陵首先被焚毁和抢劫。

此时的蒙古人不再是第一次进攻西夏和金国时的蒙古人，经过在中亚的锻炼，蒙古人已经习惯了屠城战术，每个士兵都成了满手鲜血的杀人专家，西夏人的命运可想而知。

西夏王陵那一个个巨大的土堆，或许也可以算是蒙古人旋风造成破坏的见证吧。

7月20日，我开始骑行的第10天，我翻越了著名的杭爱山脉。这是我进入蒙古国以来最绵长的山口，我花了一整天才越过了那个叫作扎嘎斯坦的达坂（Zagastain Davaa）。

这一天，蒙古国旅行坏天气定律再次奏效：暴雨、大风、上坡和烂路又凑齐了。最初，我先沿着一条河谷前行，当雨点开始降落时，我恰好到达了两座电闪雷鸣的小山中间。到山口还有20公里左右时，大批的工人正在修路。几个筑路工人看见我好奇地招着手。等我过去了，突然听见他们用汉语冒出一句："这些外国人呐。"这时我已经分得清楚筑路工人的营地哪些住的是中国人，哪些住的是蒙古人。蒙古人的帐篷是圆形的蒙古包，而中国工人搭着绿色帆布围成的简易房子，房子是长方形的，顶上带着三角形的屋顶。

但我没有时间停留，也没有和他们寒暄。从山区望去，太阳已经不高了，如果我想在当天翻山，就不能浪费时间。接近山顶时，雨再次大了起来，路也变得更加陡峭，我浑身是汗，额头的汗水流下模糊了墨镜，我只得摘下墨镜来骑。这时，我突然发现摘掉墨镜不敢骑车了，因为墨镜的折射不规则，我眼前的景色总是更加凹陷，上山的路看上去也没有这么陡峭，但摘掉眼镜发现了真实的坡度后，心理压力过大，只能推着车走了最后一段。

翻山时大概已经接近晚上八点钟，只是由于夏天，太阳还没有落下。

下山的路同样蜿蜒曲折，在一条河谷中延伸，处处是泥水，处处是没有修好的烂路。我的目光搜索着可以扎营的地方，却发现河谷中的草滩都过于陡峭。眼看太阳快要下山，再接下去天该黑了，我才在河谷里找到了一块稍微平整的地面扎了营。此刻，距离乌里雅苏台还有三四十公里。

7月21日清晨继续赶路，当我从山谷中走出来，在山谷的喇叭口附近眺望下面的平原时，已经可以看见远处闪亮的乌里雅苏台。此刻的城市距离我还有至少30公里，我能看见那一排排米粒大小的建筑群，以及玻璃反射的阳光。但要靠近城市，还要花很久的时间。

乌里雅苏台是一个和中国人关系密切的城市。当蒙古人承认了满清政府的统治之后，清政府为了控制整个蒙古地区，决定驻扎军队。他们没有选择大名鼎鼎的哈拉和林，也没有选择如今的首都乌兰巴托，而是选在了更加靠西的位置。这座叫作乌里雅苏台的小城应运而生，同时诞生的还有乌里雅苏台将军府。

满清政府之所以这么选择，是因为这里的军队与西部新疆的军队可以形成策应，而且这里还是西部距离蒙古中心厄尔浑谷地最近的地方，如果蒙古人在厄尔浑谷地举事，从乌里雅苏台可以方便地过去镇压。最大时，乌里雅苏台将军府除了控制蒙古之外，其辖地还包括了新疆的北部、唐奴乌梁海（现在新疆以北的、属于俄罗斯但和蒙古族相关的共和国，如图瓦、阿尔泰等），当时是中国著名的边疆重镇。

历史总是以一种分分合合的面孔出现，满人所建的乌里雅苏台已经成了一座蒙古人的城市。当我骑车到达城市时，这里正在修路，中国工人和中国公司参与了筑路工程。在公路的不远处，遗迹中仍然可以看到与中国人相联的踪迹。

我之所以到这里来，也是想看一看一百年前的中国人还在这里留下了什么。

距离城市还有几公里，在一座小山上我发现了一座小寺庙。这座寺庙在一个木板围起来的小院子里，院子的长宽不过几十米。在院子的中间，是一座两层的满洲式寺庙，带着中国式的屋檐。寺庙前有一个巨大的转经筒，后方则有一个单层的小殿，以及一个造型复杂的白塔群。

寺庙看上去破旧不堪，却又不像过于古老的物件。根据记载，现在蒙古国的寺庙在特殊时代大都没有逃过洗劫，除了少数几座大型寺庙，小型的寺庙几乎荡然无存，显然这也是后来才建的。但至少，从建筑风格中还能看出中国的痕迹。

从寺庙可以望见整个乌里雅苏台河谷，在河谷的正中央空地上，就是清代的中国城所在，可如今那儿变成了一片空旷的草地。

与这座寺庙的破旧不同，在两三公里外的山上还有另一座辉煌的塔庙，塔庙的周围围绕着一圈白塔，白塔群的造型是一个奇怪的T字，仿佛是一个晒在山坡上巨大的T恤衫。蒙古人宗教的复兴处处可见，进入乌里雅苏台城市中心后，我还看到了一座更加小型的寺庙，如果不是屋顶上那一对藏式的金羊，很难看出这是一个宗教场所。

奇吉斯特河穿城而过，将乌里雅苏台分成了两部分，古代的中国城在河中心的一块小沙洲上，由于夏天河水丰沛，我无法走到中国城遗址了，那只是在草地上偶尔能看出的一片隆起，除此之外，古代将军府什么都没有剩下。

唯一能够记录中国人曾经存在的是山下的一块巨石。巨石上"青龙桥"三个汉字依然清晰，当地人在石头上围着蓝色的哈达，以纪念这个能够证明城市历史的遗物。

巨石距离河边不远，可以想见，当初河上有一座桥通向河中心岛上的中国城，桥上熙熙攘攘的人流、士兵的马蹄声、商人的吆喝声、百姓的喧哗声曾经充斥着河谷。甚至青龙桥这个名字，也来自遥远北京的青龙桥。思乡的人们为了纪念家乡，总是用家乡的地名来为新地方命名。但如今那座桥早已经不见踪影，城市也已经挪了位置，从岛上移到了河畔，规模也扩大了好几倍。只有那块碑静静伫立着。

第六章

沙漠之湖

旅程中最大的一场雨——一座废弃的城市——与石油工人共进晚餐——扎布罕曼代尔和巨大的沙梁——小镇乌嘎马勒和雄鹰岩山——窝阔台的怀柔——大汗选举制对蒙古人造成的困扰——拔都领导的蒙古第二次西征——《诺夫哥罗德编年史》记载的蒙古入侵——旭烈兀领导的蒙古第三次西征——巴格达的陷落——巨大的沙漠盆地——沙漠中的水井和休息的蒙古人——吉尔吉斯湖——夜宿废弃的小屋

我在乌里雅苏台最重要的工作是囤积食品。由于接下来要进入更加困难的西部，迎接沙漠的挑战，而一路上经过的小镇数量也将大大减少，为了防止意外，我必须把驮包塞满。

我在乌里雅苏台的市场里购买了四大根火腿，两根猪肉两根牛肉，包里还有一根没有吃的，一共五根，大约可以吃五天。俄罗斯的鱼罐头也重新补满了舱，再加上几块硕大的面包，以及一罐新鲜的黄油。由于天气阴沉，我原本想在市内住一天，可整个市内只有两家旅馆可以住宿，价格都在20美元以上，于是我决定放弃住宿。

天阴得更沉了，我试图快速出城，骑过雨区，也许向西几公里之后就可以避开这块雨云。不想我出城时雨就下了起来，这是我在蒙古国遇到的最大的雨，中午时分的天阴沉得像是半夜，出城公路上已经水流成河，看上去有山洪暴发的趋势，即便穿着雨衣，我浑身也在瞬间湿透了。

我在城外的加油站避了一会儿雨。半个小时后，雨停了，天空开始放晴，到了傍晚时，天空已经一片蔚蓝。从这天之后，雨突然减少，越往西部越晴朗。或者说，杭爱山对于蒙古草原的气候影响是显著的，山的西面更加干旱，而东面的雨量更加充沛。乌里雅苏台恰好在一个分界点上，它的雨尤其多，然而已经在雨区的边缘了。

这次雨让我错过了一件最重要的事情：备水。我原本以为骑过雨云之后，可以找到一家路边小店，或者在经过一个小镇时买水，但直到天黑我也没有碰到卖水的地方，这让我在进入沙漠路段时竟然只有两升水可以用。这些水只够当晚和第二天上午使用，而到水用光时，我还不可能经过新的居民点。

不过，在水的烦恼之外，好消息是我享受了一段柏油路，西行的道路在最初借用了一段通往机场的道路，这段路刚刚铺上了柏油，路面平坦得让人想高歌一曲。十几公里后，我看见了路边的一个城市遗址。

这个遗址遗留下的只是一个河谷中间的城垣。我也找不到这个遗址的资料。

看上去，它已经被废弃了上百年，所有的房屋都不见了踪迹，只有长方形城墙的残垣断壁还耸立着，带着夯土的痕迹。城垣周围有大片羊群，疯狂的山羊们纷纷爬到城墙上去吃草。

回国后，我才查到了疑似这个遗址的资料。根据记载，满清政府选择乌里雅苏台建城地址的时候，曾经选在了距离现址西面20公里的地方，之后才迁到了刻有青龙桥石碑的附近。原址还曾经有一座巨大的喇嘛庙，但在蒙古人民共和国时期遭到了废弃。

这一片巨大的残垣断壁可能就是当年最早的乌里雅苏台所在，也是喇嘛庙的所在地，只是无论是城市内的房屋还是庙宇，都已经不存在了，只剩下羊群攀爬的城墙还诉说着当年，但在未来，它也会消失得无影无踪。

过了这片废城，距离乌里雅苏台机场就很近了。在机场前四公里的岔道口，我到当地人的帐篷里询问去往乌兰固木的道路。

根据我所携带的两幅地图，从乌里雅苏台向西可以到达一个叫作阿尔达克汗（Aldarkhaan）的小镇，这个地方距离机场很近。从这个小镇出发大概有两条路：一条是向北到达一个叫作额尔德尼海尔汗（Erdenekhairkhan）的地方，再向西到达扎布罕曼代尔（Zavkhanmandal）；另一条路是向西到达一个叫作多沃金（Dorvoljin）的地方，再向北前往扎布罕曼代尔。这两条路前一条近一些，后一条远一些，但最终在扎布罕曼代尔汇合，再从这里向西到达乌嘎马勒（Urgamal），从乌嘎马勒向西北方向，绕过大湖吉尔吉斯湖（Khyargas Nuur），会到达一个叫作纳兰布拉格（Naranbulag）的城市，从纳兰布拉格向北便到达乌布苏省（Uvs）的省会乌兰固木。

从乌里雅苏台到乌兰固木大约有500多公里，需要六天左右的时间，从地图上看，道路经过的区域以沙漠地形为主，即便是巨大的吉尔吉斯湖，它的湖床也是在一个沙漠化严重的盆地里。吉尔吉斯湖是蒙古国有名的大湖之一，顾名思义，这里曾经是吉尔吉斯人居住的地方，但现在湖边已经没有了吉尔吉斯人，这个民族已经迁徙到数千公里外的吉尔吉斯斯坦去了，目前居住在湖边的是蒙古人和哈萨克人。

但在机场边第一次问路时，我就碰到了意想不到的情况。一个胖乎乎的当地人帮着我看了半天地图，终于弄明白我想去哪儿。他指了指北方，告诉我这是机场的方向，又指了指西方告诉我这是去往阿尔达克汗的方向。但他又告诉我，在北方和西方这90度范围内，还有三条路，一条通往额尔德尼海尔汗，一条直达扎布罕曼代尔，还有一条通往多沃金。

"你是说，有一条路可以直达扎布罕曼代尔，不用经过其他城市？"我比画着问道。如果能直接到达扎布罕曼代尔，当然是好事儿。

那人点了点头。

"可是地图上说，要到达扎布罕曼代尔，必须先经过多沃金或者额尔德尼海尔汗。"

那人又摇了摇头，确定地告诉我，有一条路直达扎布罕曼代尔。我的两幅地图虽然都没有记载，可这条路的确存在。

"那条路在哪儿？"我又问道。在我的面前只看见两条路，一条向北一条向东，至于其他三条路，我都没有看见。

那人又向我解释，那三条路虽然现在看不见，但它们就在"那儿"。也就是说，我要先顺着向机场的路往前走，几公里后看到一条汽车轧出的向左的车轮印时，便是所谓的岔道了。顺着这条岔道走下去，经过若干公里，又会出来一条向左的岔道，这就是通往多沃金的道路，再继续向前若干公里，又有一条向左的岔路，这就是通往扎布罕曼代尔的路了，如果不向左拐，就可以到达额尔德尼海尔汗。

当然，草原上的车辙印如同蜘蛛网一样乱七八糟，岔道绝不止这三条，至于什么时候该拐，什么时候不该拐，走熟了的当地人显然知道，而我就只能碰运气了。

到底是走地图上有的路，还是走当地人口中的直达线路？我选择了后一种。

"你们有水吗？"在离开前，我问了最后一个问题。

他摇了摇头，爱莫能助。

上路了。这条路一开始就出了岔子，我骑车一直走到了机场大门，也没有看到向左的岔路。由于已经过了乘机的时间，机场空空如也，看不到人影，连卖水的都没有。在我纳闷地向回走时，才发现果然有一条不大明显的车轮印。如果不是事先听说了这条路，谁也不敢想象这条车轮印竟然可以通到数百公里外。

此刻，心中的忐忑感越来越强：我的存水不足，而且踏上了一条未知的道路。这一天剩下的时间是在不安之中度过的。这条路上果然一户牧民都看不见，也别想找到买水的地方了。

傍晚时，我的收获终于来了：在远方出现了一个小小的帐篷，这里没有牧民，而是一个石油钻探队。在帐篷前停着一辆钻探车，走近了，看见几个工人正在热火朝天地干着活儿。我毫不犹豫地骑车向他们迎去。

"水！"我做着喝水的动作问道。

在西部的荒凉地带，陌生人总是受欢迎的，石油工人们经历了最初的惊讶后，乐呵呵地点着头，示意我有水。我把包里的几个空瓶子拿出来扔在地上。一个工程师模样的人走了过来，拉着我进了帐篷。

一个工人塞给我几块油炸的面饼，我连忙出去，从驮包里拿出一袋巧克力糖和一盒罐头，把罐头打开，和众人就着鱼把面饼吃下去。另外有几个人拿来了盛水的锅，要给我倒水，我怕他们开水不够，示意要生水就够了，他们拿来了盛水的大罐子，把我的瓶子全部倒满，这下我就有将近六升水了。他们还担心不够，又找来两个小瓶也灌上送给我。

当听说我是从乌兰巴托骑车过来的，工程师啧啧称奇，坚决不让我走了。我只好走出他们的蒙古包，在工人的帮助下，在蒙古包的旁边把我的小帐篷搭上。工人们当天的活儿还没有干完，早又回到了钻井旁边。工程师听说我是中国人，指着钻井车告诉我，这是中国产的。可我却在车身上看到许多韩国文字，大概他们分不出韩文和中文的区别。

他们的工作就是把钢管吊起来，一截截续起来打入地下。帐篷里留下一个人当厨师。厨师用面团擀了五张饼，在桌子上、被子上摊好，又拿出一块羊肉切成丝。

等天色黑下来，所有的人都回了帐篷。另一个人开始用牛粪点着了火，在炉子上把饼烙得半熟，再切成丝，混合着羊肉炒好。香喷喷的气味萦绕在蒙古包内，每个人都很健谈，可我却听不懂。

吃饭时，他们把最大的一碗给了我，这是我吃得最地道的一餐蒙古饭。

吃完饭，来了一辆越野车，从越野车上下来一个领导模样的人，他是来视察的，会说几句汉语，他对我表示了欢迎，并说去过北京。这时我已经困得够呛，撇下他们睡觉去了。

第二天（7月22日）醒来，告别他们上路之前，工程师把我叫过去，在一张图上详细地告诉我怎么走才能找到两条岔路，第一处岔路在12公里左右，第二处岔路在25公里左右。

当我收好这张宝贵的路线图从帐篷里出来，一位工人拉过我，指着东方的山告诉我："鄂特冈腾格勒"（Otgon Tenger）。

在他手指的方向，远处正是杭爱山脉那巨龙般的身影，有一个比手指甲盖还小的山头从山群中凸了出来，那就是杭爱山脉的主峰鄂特冈腾格勒了。这座主峰距离我所在的地方有100多公里。我曾经遗憾无法看到杭爱山脉的主峰，谁知却在远离它时惊鸿一瞥。当蒙古人还在蒙古一隅对世界保持无知的时候，这座山就曾经是他们的圣山。如今的工人们还有早上拜一拜它的习惯。

除了眼前的机械之外，蒙古国的工人们还保持着古代的淳朴，他们身材健壮、生性憨厚，招待客人倾尽全力。到这时，我在路上遇到的一切不愉快都化解了。

当天，多亏了工程师的地图，我才从西部狂乱的道路中生存下来。这一天是我在蒙古国最提心吊胆的一天。虽然依靠工程师的指点，找到了两个岔路的准确位置，但在到达岔路之前的揣测却令人心焦，草原上的车辙印四通八达，一会儿分一会儿合，如果没有坚强的神经，就会使人慌乱和不知所措。

这一天也是沙漠地段的开始。进入第二个岔道不久，在我的南侧，远方就出现了一片沙漠。如果我当初选择先去多沃金，再从多沃金去扎布罕曼代尔，就会和这片沙漠正面相遇。看来，我选择的道路虽然不见于地图，却是当地人探索出的最便利的一条路。

土地的沙化也很严重，越往后骑，路面上的沙子越厚，虽然还没有到无法骑行的地步，但已经非常艰难。到后来，由于长期见不到一辆车经过，也看不到一个人影，甚至牲口的数量都很少，我越来越担心自己迷路了，却不得不硬着头皮骑下去。

到了傍晚，从骑行的长度来算，应该是靠近扎布罕曼代尔了，在我爬上一个小型的山口之后，以为山的背后将会出现一座城镇。谁知在山的背后却是一个巨大的盆地，而我期待中的城镇毫无踪影。

快天黑时，我似乎看到远方的山坡上出现了有规律的纹路，由于天色渐暗，看不清楚纹路是什么，但从经验上看，这可能是一座城市的房屋和街道。如果猜测不错的话，这座城市的规模很大，甚至比乌里雅苏台还要大。

我心安理得地扎了营，准备第二天早上进入城镇买水，然后继续上路。在这里，我第一次碰到了蒙古国的蚊子。

刚出乌兰巴托时，草原上处处是一种会飞的蚱蜢，它们能飞起来悬停在空中，跟着风的节奏发出嗒嗒嗒的响声，营造出田园牧歌的气氛。过了车车勒格后，蚱蜢越来越少，令人讨厌的苍蝇多了起来，上坡时由于浑身是汗，我骑得也很慢，苍蝇能在人的身上停一身，随手一巴掌就能拍死好几只。可是我却很难抽出手来拍打苍蝇，因为一拍一使劲，上坡时就没有力量蹬车了。只有下坡时，才能把苍蝇都赶走，再依靠速度把苍蝇甩下，让它们跟不上。

我以为这样的苍蝇就很讨厌了，到了西部，才知道苍蝇其实是一种温和无害的生物，更可怕的是蚊子。在我搭帐篷的一小段时间，蚊子已经在我的身边聚了一群，多亏我及时进了帐篷，才没成为蚊子的救世主。然而第二天我骑车时，蚊子又围了上来，它们只要落在皮肤上，就立即开始喝血，任何打扰都不会让它们停下来，真是连死都不怕。

还有另一种看上去无害的小飞虫，可别被它们的模样欺骗了，它们的咬伤比蚊子更痒，也更难以痊愈。更可恶的是，它们娇小的身躯总是往人的耳朵里钻，到后来我只能用纸堵上耳朵避免它们进去。

短短的两三个小时，我的身上已经有了一百多个伤口，两条胳膊和耳朵痒得想切下来。从那时开始，我开始穿长袖骑行，即便再热也不敢脱掉了。

7月23日，当我从帐篷里钻出来，第一眼就是向着城市的方向望去，令我大吃一惊的是，前晚看到的有规则的纹路已经不见了踪影，那所谓的城市更是子虚乌有，在我误以为城市的地方，只是一个硕大无比的沙梁。

前一天之所以我看到那些纹路，是因为沙梁上有无数的起伏，当太阳偏低的时候，那些起伏留下的阴影看上去是有规则的，被我误以为城市。而第二天早上，太阳从另一个方向照过去，那些起伏形不成影子，看上去一片黄沙，纹路也自然消失了。

我原本以为接近城镇了，希望落空后感到一丝茫然。被自然欺骗后的人们总是显得惊慌失措。好在前行了几千米之后，接近沙梁时，在沙梁的底部我发现了一座寒酸的小镇，小镇的规模不到前晚预测的百分之一。这个小镇就是扎布罕曼代尔。

我只在小镇待了半个小时，买了几瓶水，躲过了一场小雨，就上路了。

扎布罕曼代尔的地理位置十分特殊：在它的北面，就是那座巨大的沙梁，这道沙梁宽二十千米，长达上百千米，在沙梁的南侧是一条河流形成的河谷，小镇就在河谷之中。这条河流的水流向远方的吉尔吉斯湖。

河谷的北侧是沙化严重的草原，虽然有草，但草茎之下就是疏松的沙土，而我将要走的道路就在这沙土之中。接下来的两天是道路沙化最严重的两天，其中第一天也是蚊子最猖獗的一天。所有的不利因素都凑在了一起，使得这两天的骑行成了一种难以忍受的折磨。由于从里程上说，我的旅程已经完成了一半，所以即便是折磨也变成了一种怀念，因为前面的路走一天少一天了。

这天我经过了河谷中一座神圣的小山，它是一块从地底下冒出来的巨大岩石，横亘在河谷的平地之中，当地人在小山不远处的崖子上建了一座小庙。小山的形状在不同侧面看上去是不同的，走到最近时，会发现它实际上像一只雄鹰，有头有双翅，不得不感慨大自然的鬼斧神工。

当天晚上，沿着河谷走了一天的我到达了一个叫作乌嘎马勒的小镇，我在镇外河边的河床上扎营，旁边就是缓缓流动的河水。

我选择的地方恰好是河水冲出的一片平坦的滩涂，上面长满了绿油油的野草，看上去那么宜人。可我没想到这片滩涂其实是一个小岛，晚上的时候河水不大，我到达时没有涉水，而第二天早上水突然大了起来，从我扎帐篷的地方，四个方向都围绕在水中，只能推车涉水而过。

傍晚，出现了非常漂亮的晚霞，孩子们骑马在河边比赛，小镇上的汽车在跨河的两座桥上奔波，呈现出一片安宁的景象。

成吉思汗西征归来后，在征服西夏人的途中死去。他的死预示着蒙古最有纪律的时代的终结，又代表着另一个富有活力的时代的开始。

对于蒙古帝国的发展过程，有几种说法：一种认为，成吉思汗打下基础之后，他的后代们就已经开始走下坡路；另一种认为成吉思汗的死亡反而解放了蒙古下一级的统帅，使得他们可以各自为战，开拓出更广阔的疆土。

这两种说法都是不全面的。

首先，由于成吉思汗出生于蒙古本部，在他的前半生甚至大半生里，都没有听说过遥远的西方诸国，他最远能看到的就是花剌子模，一旦征服了花剌子模，成吉思汗紧盯的就是金朝和南宋了。蒙古人把金朝叫作中国，而把南宋称为蛮子，这也是蒙古人等级制度的反映。

所以，假如成吉思汗不死，他的目光所及最大的范围就是花剌子模的中亚，加上中国本部，至于后来的波斯汗国西部和金帐汗国，或许不会进入他的视野。

成吉思汗如果活着，他的约束力也会让将领们只能俯首帖耳，无法随心所欲去征服，而波斯汗国很大程度上是旭烈兀将在外的自由裁量权决定的，金帐汗国也多亏了术赤和他的儿子拔都。如果成吉思汗在世，术赤系很难有这么大的独立性去和俄国打交道。

可以说，成吉思汗的死亡让他的儿子们解放了，四个儿子（及其后代）各自经营着自己的领土，让领地最大化，这才有了后来更加广阔的蒙古帝国及蒙古四大汗国。

但是，成吉思汗的死亡让游牧民族一个更加古老的传统逐渐占了上风，那就是家族内讧。除了成吉思汗本人之外，没有一个人有足够的威望将所有的蒙古人抱团。他的儿子们还能考虑父亲的教导尽量保持统一，而到了孙子辈，傲慢、自负的蒙古诸王谁也不服谁，开始为了利益而拉帮结派。即便他们拥护别人，也不是因为对方的威望，而是考虑自己的得失。

蒙古的分裂从第二任大汗窝阔台就可以看出端倪。几乎所有的蒙古著作都告诉我们，窝阔台由于得到了成吉思汗的力挺，所有的蒙古人都遵从于他，听他的调遣，就像当初对待成吉思汗一样。可是从志费尼的记载中，我们却可以分析出另外一种景象。

窝阔台是一个性情温和的王子，不像父亲一样刚愎和嗜杀。在几个王子中，术赤是个温吞的老实人，缺乏领导能力，心肠柔软，而拖雷以骁勇善战和残忍出名，他最大的"功劳"是屠杀了整个呼罗珊地区，使那里变成了赤地千里。察合台显得勇武却缺乏头脑。只有窝阔台个性中和，能够平衡各派系的关系。

但窝阔台作为平衡者，更像是一个和稀泥的角色，并非靠本人的文治武功和威望。他之所以能够得到大家的认同，是因为大家觉得他当大汗，对自己没有害处，而别人也可以接受。窝阔台显然也知道自己的角色，他并不梦想成为父亲那样的人，他宁肯让父亲成为神，而自己成为一个维持住神的位置的传承者。

为了平衡各大派系，他所做的工作就是谁也不得罪，同时利用笙歌、燕舞和优厚的赏赐来摆平所有的势力。

所有写蒙古人的著作大都把领袖们写成了神话中的人物。志费尼在作品中对诸位蒙古大汗神化得最少。他记载窝阔台的篇章更多是宴饮、赏赐和表现仁慈的和稀泥，很少提及他的战功。

在决定继承人时，众人一致推举窝阔台，他却推辞说："成吉思汗的旨意虽则若此，但尚有我的兄长和叔伯，他们比我更能胜任此职；再者，据蒙古的风俗，长室中的幼子应成为其父的继承人，而兀鲁黑那颜（即拖雷）是长斡耳朵的幼子，他一直日夜、晨昏地伺候成吉思汗，目睹、耳闻和领会他所有的札撒、法令。既然这些人都健在，就在眼前，我怎能继承汗位呢？"他整整拒绝了四十天，和兄弟朋友们喝酒、讨论，直到确定自己的继位不会遭到反对，他可以摆平各种势力，才登上了合罕的位置。

虽然登基，但他仍然担心无法摆平各个势力，于是开始大肆赏赐：

合罕接着下诏把多年来为成吉思汗从东西各国征集来的国库贮藏打开，其总数连账簿的肚子都容纳不下。他封闭那些爱挑剔者之嘴，拒绝他们的劝谏，把他的份子赏给他的所有家属和士卒、他的军队和族人、贵人和黎庶、侯王和家臣、主子和奴婢，按权力各分一份；国库中为明天留下的财物，不多不少，不大也不小。

赏赐完毕，他最后一个行动是神化了成吉思汗，一方面挑选美女为父亲殉葬，一方面下发命令，规定成吉思汗原来颁布的法令和敕旨，应予以维护、支持和保卫，不许恶意变动、篡改和混淆。

窝阔台成为合罕后，只出征过一次，即征服金朝。一旦金朝臣服，他就决定守在哈拉和林，不再进行亲征了。他打开了另一段如同阿拉伯哈里发一样的奢侈生活，塑造了蒙古人的品位。不过他这样做与其说是生性喜欢享乐，不如说是用这种方式来进行统治。志费尼对合罕的价值观写道：

每当谈到古代帝王和他们的风尚习俗，提及他们贮存和收藏金银时，他会说，那些藏珍宝于地下的人毫无远见卓识，因为它既不能用来防止祸害，又不能用作获利之源，那么珍宝和粪土就毫无差异。末日一到，他们收藏的珍宝帮得了什么忙？对他们又有何用？……至于我们，为了我们的英名起见，我们将把我们的财宝贮藏在人们的心坎里，不给明天留下任何东西。

为了摆平兄弟和亲戚们起见，窝阔台对于领土也毫不吝惜。在蒙古早期的帝国分封里，窝阔台汗国占据的是最不具有扩张性的北疆和蒙古西部地区，术赤的领土可以向西扩张，察合台的领土可以向西南扩张，而拖雷守在蒙古本部，后来又将中国收入囊中。窝阔台为了保持人们对于大汗的服从，不得不让兄弟们在新的领土扩张中占据更多的利益。结果，当窝阔台系失去了大汗职位的时候，他放眼一望，却发现术赤、察合台和拖雷系都已经壮大，而自己由于缺乏地盘，已经变得窘促不堪了。

窝阔台依靠慷慨的赏赐和和稀泥的方式虽然获得了所有蒙古人的承认，但他做得非常吃力，到他死后，再没有人能够充当长袖善舞的不倒翁，蒙古的分裂终于到来。

窝阔台的儿子贵由当了三年大汗，如果不是他死去，蒙古在他的手中很可能已经分裂。术赤的儿子拔都是贵由的死对头，他们的关系僵化到贵由决定对拔都发动战争。

但由于贵由死得早，分裂留给了下一代：拖雷系在术赤系的支持下攫取了大汗的位置，拖雷的儿子蒙哥成为合罕。

蒙哥还可以靠自己的威望和武力压迫全蒙古在名义上服从自己，但到了他弟弟忽必烈时期，连这个名义上的服从也没有了。

由于没有明确的单子继承制，游牧民族的匈奴、突厥都经历过创始人死后的大分裂，蒙古人终将不免，当内部的分裂成为主流，蒙古扩张的动力就瓦解了。与其说蒙古人被外人打败，不如说蒙古人衰于内争。

对于欧洲人来说，还有一个令他们看不懂的现象：蒙古人汹涌到来，大肆屠杀，突然锐气又会在瞬间消失，在很长时间内不再组织有效进攻。为什么会出现这种情况？这是因为蒙古特有的大汗周期：一个大汗死去后，蒙古的诸侯不管身在多远，也会匆匆赶回去争夺内部权力，在那时，外部的地盘即便再大，也没有内部事务重要。

这样的风气在蒙古还是中国北部的高原帝国时，还显现不出它的危害性，一旦蒙古变成一个世界帝国，大汗的死亡就意味着数年的混乱和停顿。

1241 年到 1242 年间，正在欧洲征伐的拔都汗进入了匈牙利，先头部队甚至到达了地中海沿岸，进攻西欧指日可待。但就在这时，蒙古人突然停止进攻，撤军了。此时恰逢大汗窝阔台的死亡，拔都急着回去选举新的大汗，而这次选举之所以重要，是因为拔都的死敌贵由有可能当选。

1260 年，建立波斯汗国的旭烈兀虽然被埃及的马穆鲁克人打败，但他完全有能力再次发动进攻，取得胜利。但这时，旭烈兀也停止了前进，原因是大汗蒙哥死在了合州城下，蒙古汗王们新的争斗又要开始了。波斯汗国的疆域也永久性地停留在叙利亚。

在同一时期，忽必烈正在对中国发动猛攻，几路蒙古大军从南北方合围杭州的南宋小朝廷，但忽必烈突然意识到这是争夺大汗之位的好时机，立即放弃了对南宋的围猎，北上争夺蒙古的最高统治权。忽必烈插足大汗之位的争夺，也让蒙古永久性地分裂了。

从地域政治上来讲，蒙古人占领的土地的确太庞大了，古代的科技和交通已经无法支撑起如此庞大的统一国家，当从帝国这一头到那一头的消息需要上年才能传递的时候，统一已经不是最优选择。分裂后的蒙古更加灵活，也最终被各个击破。

在蒙古前几代大汗时期，除了成吉思汗的第一次西征，值得回忆的还有第二次、第三次西征。这两次西征造就了金帐汗国和波斯汗国。

而对于蒙古人征服罗斯人，最重要的文献之一是罗斯人自己的史书《诺夫哥罗德编年史》（*The Chronicle of Novgorod*，1016–1471）。当哲别和速不台第一次远征时，编年史中记载了人们对蒙古人的恐慌：

由于我们的罪恶，我们不知道的部落来到了，没有人知道他们是什么人，他们是从哪里来的——也不知道他们的语言是什么,他们是什么种族,他们信仰的宗教是什么——只有上帝知道,他们是什么人,他们是从哪里跑出来的。

作者记载了当时人们称呼蒙古人的许多个名字,其中就有鞑靼人。作者还告诉我们,根据传说,蒙古人占领了从东方到地中海、从底格里斯到黑海的广大区域,而现在,他们来到了罗斯的边界。

蒙古人并没有侵略罗斯人的领地,但他们把罗斯人的邻居,不信教的钦察人打败了。钦察人求助罗斯人时,提到"今天他们可以打败我们,明天就会与你们为敌",于是罗斯人组织了庞大的援军与蒙古人作战,却遭到了惨败。当基辅公爵被蒙古人折磨死后,哲别的军队撤离了。

这场大祸是5月31日圣杰里米节发生的。鞑靼人从第聂伯河折回了,我们不知道他们是从哪里来的,也不知道他们再一次躲藏在哪里。上帝知道,由于我们的罪恶,他是从哪里把他们接来惩罚我们的。

当蒙古人撤离后,罗斯人战战兢兢地等待着第二次打击。他们苦等了十五年,蒙古人才再次来到了俄罗斯草原。这时的军队由术赤的儿子拔都统领,老将速不台继续参与指挥,参加者包括大大小小的蒙古王公,两任大汗贵由和蒙哥都在其中。蒙古人是以一种奇怪的方式到来的,编年史记载:

同年,叫作鞑靼的陌生人到来了,他们如同蝗虫一样不计其数,飞往了梁赞的地面。初到时,他们占据了努克里拉(Nuklila)河,在那儿扎营。接着他们向梁赞公爵派出了使者——一个巫婆和两个随从——要求向他们进贡所有物品的十分之一:男人、公爵、马匹,一切的十分之一。

梁赞人拒绝了他们,甚至没有让他们进城。公爵的回答掷地有声:"只有当我们一个不剩的时候,那所有的一切才是你们的"(Only when none of us remain, then all will be yours）。

蒙古人采纳了公爵的提议，俄罗斯草原几乎经历了一次恐怖的毁灭，蒙古人攻陷了一座座城池，并把城里的居民全部杀光。这是一次系统的灭绝行为。

上演了多次屠杀之后，蒙古人稍微休息了两年，再次开始了进攻，这次他们攻克了罗斯人的政治、文化中心基辅。基辅遭到了毁灭。接着，蒙古人从罗斯人的土地上经过，进入了东欧，他们在波兰打败了波兰人和日耳曼人的联军，进入了摩拉维亚和匈牙利、奥地利，甚至到达了达尔马提亚，前行到地中海。

就在这时，窝阔台汗逝世，蒙古人停止了进攻的脚步。随着未来内争的加剧，他们再也没有把潮头挺进得如此靠西。达尔马提亚与西欧世界的中心罗马只有一海之隔，直线距离不到500千米，如果蒙古有一套良好的政治架构，能够保证大汗世系的顺利过渡，蒙古人也许有可能占据整个欧亚大陆。

第二次西征使得术赤的儿子拔都成为俄罗斯草原的主人，金帐汗国由此诞生。

蒙古人的第三次西征针对的是中亚的波斯和西亚。在成吉思汗第一次西征之后，随着蒙古军队的撤出，花剌子模沙摩诃末的扎兰丁又夺取了波斯的部分地区。蒙古派出了搠儿马罕去重新收复波斯，扎兰丁在搠儿马罕的紧逼下节节败退，最后死亡。搠儿马罕得到了波斯和阿塞拜疆，他的继任者拜住则迫使土耳其的安纳托利亚地区臣服。

搠儿马罕和拜住的征服为旭烈兀的远征创造了条件。当大汗蒙哥派出旭烈兀时，一个不同于其余汗国的国家已经迎来了曙光。成吉思汗把天下分给了四个儿子：金帐汗国直接来自术赤的分封，察合台汗国顾名思义来自察合台，元帝国则来自四子拖雷。只有原来的窝阔台汗国，由于窝阔台大汗采取的政策而没有扩张开来，在其余三家的挤压下，与蒙古本部一样变得支离破碎。而旭烈兀本属于拖雷一系，是蒙哥和忽必烈的弟弟，他所创造的波斯汗国属于第二代的创业，与前三大汗国并不一样。

旭烈兀西征时，成吉思汗、搠儿马罕和拜住也已经替他打好了基础，蒙古大军更显得游刃有余。他征服的地域中，有两处显得格外引人注目。

第一处是一个叫作阿拉木特的堡垒，这座堡垒在里海南岸，属于一个奇怪的小教派哈撒辛派，这个教派是什叶派下的伊斯马仪派的一个小分支，在历史上以刺客闻名。哈撒辛派最光辉的岁月在十字军东征时代，他们是一支令人胆寒的力量，不管是基督徒还是正统的伊斯兰教徒都谈之色变，担心被"万军之中取首级"。

哈撒辛派的刺客们带着亡命之徒的气质，在教长的安排下，他们每天沉浸在醇酒和妇人之中，不过，突然有一天，教长命令将酒和女人一并撤去，逼迫他们答应去做刺客，并许诺他们完成任务后如果活着，就继续过美妙的生活，即便死去，在天堂里他们也享受同样的待遇。

但这个刺客教派在蒙古人的重拳打击下归于消亡，只留下了无数的传说，如基督教的圣殿骑士团、蔷薇兄弟会一样神秘，淹没在历史的迷雾中。

旭烈兀第二个打击目标是巴格达的哈里发。蒙古人之前，阿拔斯朝的哈里发统治世界已经五百年了，即便哈里发早就失去了真正的权力，如同明治维新之前的天皇一样成了政治的摆设，也没有人敢于废除他们。不管突厥人还是波斯人，他们最多敢称为苏丹，却不敢僭越哈里发的称谓。

蒙古人相信自己的力量得自老天爷腾格里（长生天），旭烈兀决心消灭这个早已经成为傀儡的世系。

波斯人拉施特的《史集》中，记载了旭烈兀攻陷巴格达，哈里发投降之后，蒙古人从这个搜刮了五百年财富的家族手中获得的金钱。在五百年的前半段，伊斯兰世界的地域远大于中国的中原地区，由于宗教的原因，更是从半个世界吸取着财富，来自东方的奇珍异宝，来自西方的艺术品，来自印度的香料和宝石，以及非洲的黄金和白银汇聚在巴格达这个世界的中心。这里是《天方夜谭》描写的富庶首都，也是人们梦想中能出生、死亡的地方，从此再也无法免于蒙古人的掠夺。

2月9日星期五，旭烈兀汗骑马进城巡视哈里发宫廷。他驻于宫内同异密们宴饮。他下令把哈里发叫了来，说道："你是主人，我们是客人，把你那对我们合用的东西告诉我们。"哈里发明白这些话的真实意义，害怕得发抖，害怕得想不起库房的钥匙在哪里了。他吩咐砸坏几把锁，献上两千件长袍、一万第纳尔和若干件饰有宝石、真珠的稀罕珍物。旭烈兀汗对这些东西毫不在意，把它都赠给了异密们和在场的人，并对哈里发说："你那地上的财富是显而易见的，这都属于我的奴仆所有，请你说出埋藏的宝物有些什么，埋藏在哪里。"哈里发承认宫的中央有一个装满金子的水池。那个池子被掘开后，发现其中装满了赤金，全是一百米思合勒的金锭。

然后，下令对哈里发的后宫进行统计。详细登记了七百名后妃和一千个仆役。当哈里发得知后宫被登记造册，他驯顺地哀求说："把日月不照耀的后宫里住的人赐给我吧。"旭烈兀汗说道："你从七百人中挑选一百个吧，其余的留下。"哈里发从近属和亲人中携带走了一百个妇女。夜里，旭烈兀汗回到帐殿，清晨，他命令孙札黑进城夺取哈里发的全部财物，从城里押送出来。简而言之，在六百年间聚集起来的一切东西，像群山般地堆积在汗帐周围。受人尊敬的地方，比如历代哈里发的大清真寺、木撒·札瓦兹（祝他安宁）的陵墓、鲁撒法的墓穴等，大部分被焚毁了。

哈里发在被杀害时，嘴里念着这样的诗句：

早晨我们有乐园般的家，
晚上我们却没有了家，
"仿佛我们昨天并非如此富有。"

这样的诗句多像当年南唐后主在洛阳的哀叹，又如印度莫卧儿王朝的末代君主在缅甸流放中的悲鸣。李后主感叹：

雕栏玉砌应犹在，只是朱颜改。问君能有几多愁？恰似一江春水向东流。

而莫卧儿的巴哈杜尔·沙在自己的墓志铭中写道：

我祈祷长命百岁，却只有四天生命，
两天在欲望中度过，两天在等待中消磨。

他们都在感慨曾经的富裕和享乐，却又突然间坠入地狱般的境地。他们都是诗人，却无法保住自己的帝国。

7月24日，我离开乌嘎马勒时又下起了雨。乌嘎马勒向西充满了岔道和不确定性，我第一次竟然走错了，跟随着车辙印到了一条小河边，接着车辙印消失，我只好掉头返回了乌嘎马勒，询问当地人到底哪里出了问题。

当地人再次指了路，还是这一条！我满怀疑虑地再次掉头，向着小河边走去。但快到小河边时，我突然发现了一条很小的岔路。上次走到岔路时，我由于没有注意，选择了直行，而这次我决定走岔路。

岔路把我带上了一座桥，然后爬上一座山，整个河谷都显现在我的眼前，我甚至可以看得见前一天经过的那座老鹰般的神山。我终于找到了正确的道路。

不过，即便找到了正确的路，困难还在后面，我已经进入了沙漠。沙漠里生长着一种叫骆驼刺的灌木，除了骆驼刺，曾经无处不在的其他草类也都不见了踪影。

后来我进入了一个巨大的沙漠盆地，周围是一圈山峰，我的自行车则陷在盆地的沙子中无法骑行，只能下来推车。这一天的大部分时间我都在推车，缓慢地以每小时三公里的速度爬行。周围的景色也仿佛是固定的，前一个小时看见的山是什么样子，后一个小时还是这样，上午在盆地的中央，下午几乎还在盆地的中央。

蒙古国的沙漠大都集中在南方的戈壁地区，这次旅行中我并没有去往南方。但这一段沙漠的行程终于让我体会到了在蒙古国干旱地段旅行的艰难。这里几乎一辆车都没有，大部分时间里只是我一个人在沙漠蜥蜴的陪伴下爬行。

直到傍晚，到达了盆地的边缘，沙子少了一些，我才能上车艰难地骑完最后一段。当晚，我在盆地的边缘扎下营帐。按照预计的行程，我已经接近了吉尔吉斯湖，可是湖泊又在哪里？在我的前面恰好有一列山脉，难道大湖就在山脉之后？也许第二天，我翻过那座山，就会看见对面有一个巨大的蓝色的湖。

但是，7月25日，当我真的骑车翻过那座山脉时，看见的还是一片干旱的陆地，由于远古时期火山活动的影响，在路上冒出了一堆堆圆形的石头，显得更加荒凉。后来，我才意识到这只是群山之中的一个小小的坝子，如果要看到吉尔吉斯广阔的大湖，还需要向北骑行，彻底出山。

上午的前半段骑行在沙地、石头堆、来回的上下坡中度过。到了中午，我的前方突然出现了一座木制的小房子，房子旁停了一辆吉普车，一群蒙古人正在房子的阴凉里坐着。由于蒙古草原地势平坦，数千里内可能都找不到一个遮阳的地方，乘车的当地人在路上休息时，总是习惯性地把车门打开，使得车的阴影面积更大一些，好坐在阴影里。而一栋小房子更是遮阳的好去处，谁也不会浪费。

我在小房子前停车。热情的蒙古人立即给我端上一碗土豆胡萝卜炖牛肉，在缺乏蔬菜的地方，这可是最佳食品。由于前一天没有经过任何村子，我的水已经不多了，连忙问他们是否有水。

"水？这里就是水井。"一个青年男子对着我比画说。

原来这个小房子是用来放水井才盖起来的，在房子里有一个手动的压水井，里面的人用手压水，地下水就顺着一根管子流出来，管子的出水口在屋外，多余的水会流进一个槽子里，供过往的牛马饮用。

我大喜过望，在他们的帮助下把水瓶灌满。在离开前，我询问纳兰布拉格还有多远。

"还有120公里。"青年男子在地上画出了数字。他告诉我，前面四五十公里处就有中国人。我当时没有明白为什么会有中国人，后来才知道中国人是在那儿修路的，人数不少。

也许是他们给我带来好运，见到他们的地方恰好是沙漠地形的终点。告别了乘凉的蒙古人，顺着山坡向下滑行，没有多久就看见了一处山梁背后的湖泊。吉尔吉斯湖排在蒙古国前几大湖泊之列，不过第一眼望去显得并不大。它是长条形的，最初我只看到了它的一个角而已。

我顺着车辙向着湖边骑行，接着又顺着湖水退去时形成的湖岸骑行，湖岸上还带着贝壳状的纹理，充斥着黑色的小石子，石子之下是硬邦邦的湖床。在这里骑行真的像在天堂一样舒服，周围的景致也壮观得让人流泪。

湖面比第一眼看上去要大得多。两个小时后，道路离开了湖岸，我以为湖水到此为止了，但翻过一个小小的坡地，前面出现了更大面积的湖。由于映着天上的云彩,湖面上形成了漂亮的带状纹理,颜色深浅不一,如同是一块巨大的画布铺在山谷里。湖边有成群的牛羊和偶尔出现的白色帐篷。

道路已经并入了去往乌兰固木的主干线,过往的车辆也多起来,我已经从荒凉中逃了出来,进入了蒙古国西部繁华的路段。不过,所谓的繁华也是当地标准,大约每小时能看见几辆汽车。在一个帐篷边上,一个吉普车上的蒙古人拿出一大盒糖果让我挑,姑娘们笑着,牙齿白净,脸色带着健康的黝黑。

再往前走,路边果然有许多筑路的中国人。他们住在绿色的帐篷里,在旁边还有白色的蒙古包,那是蒙古人住的。我没有打扰他们,心里想着尽快赶路。

到了傍晚,道路终于再次向着远离湖岸的方向爬去,那是一个小型的谷口,风大得可以吹停自行车,天色阴沉了下来,我似乎正在进入一个雨区。

我原本以为这已经远离了湖边,谁知过了山口之后,大湖再次出现在我的面前,我花了多半天时间只不过走了湖面的一半,而此刻太阳已经快落山了。我在风中寻找着可以扎营的地方。就在天色渐暗、越来越心焦的时候,我发现湖边出现了一座废弃的房子,房子旁边有一个蒙古包。

我决定在废弃的房子里扎营,把自行车在房子旁停好。蒙古包里没有人,门上上了锁。废弃的房子很大,房子的中央是过道,过道两边各有七八个房间。过道通往外部的门上挂了把锁,但并没有锁上。

门外放着一个木头墩子,墩子上放着一把锋利的斧子。斧子旁边扔着几个砍下来的羊蹄,还有一些杂乱的骨头。不过羊蹄和骨头看上去有些天数了,不是新鲜的。

我把锁摘下来,把门打开,把自行车推进了其中的一个房间。房间里铺着木制的地板,地板上积着厚厚的灰尘,窗户已经没有了玻璃。看上去,这个房间已经很久没有人住过了,大部分房间都是空的,只有一两间用来堆放家具。风很大,顺着各个房间的破窗吹进来,四处响着咔咔啦啦的怪声。

整个房间很像美国恐怖片中的场景。主人公出去游玩时,总是会碰上一些空旷的房子,他们准备在房子过夜,却遇到了无数惊悚的事件。

到底是谁的房子?他们为什么要放弃如此舒适的房子?门外的斧子是谁的?会

不会有人半夜里拿斧子进来砍人？我都来不及想了。

我在房间的地板上把帐篷的内帐支上，把睡袋扔进帐篷准备好。这时，我又出去看了看蒙古包，发现那儿竟然来人了。我敲了敲门，一位妇女、一位孩子和一位老人在家。他们看见我很吃惊，当我把他们引到旧房子里，看见我的帐篷时，他们更吃惊了。

就在这时，老人突然做了件我意想不到的事情：他掏出来一本门票簿，示意我需要交 3000 图购买一张票。

原来，整个吉尔吉斯湖和周边地区被蒙古国政府划成了保护区，从理论上，进入保护区的外国游客都要支付进保护区的费用。但由于蒙古国人口太少，派不出专门的售票员，而进入保护区的道路又太多，政府只好把票发给当地居民，让当地居民帮助卖票。我这次自投罗网去敲蒙古包的门，自然是免不了掏钱了。

但是，且慢……蒙古女士和孩子都不好意思地笑了起来。原来他们还不习惯卖票，特别是看见我这样的装束，不像是个普通观光客，更不像有钱人。

我连忙比画着解释，我是从乌兰巴托来的，骑车路过去乌兰固木，并非专门进入保护区来观光。这项门票制度也有不合理的地方，它不分青红皂白，不管路过的还是观光的都需要交钱。老人似乎听懂了我的话，点了点头，把票收了起来。他在我的房间里坐了很久，试图给我讲吉尔吉斯湖的历史，还带着我到湖边去看一处传说中的景色，我想那一定是某位女神，至少是那儿的地形在他们看来像一位女神的模样。他指给我女神的头在哪儿，脚在哪儿，但我能够了解的只有这些了，语言不通使我错过了他叙述的精彩。

老人恋恋不舍离开后，我终于又有了独处的时间。

第三部

雪山下的西征

第七章

游牧女王的两千年守护

当不同文明碰撞时——罗马教皇英诺森四世和蒙古大汗贵由的通信——修士柏朗嘉宾东游记——初见雪山：哈儿黑拉和图鲁根——纳兰布拉格小镇——省会城市乌兰固木——遇到中国筑路工——长春真人丘处机西游记——叙利亚人列边阿答的奇遇——乌兰固木的居民和墓地——鲁不鲁乞出使蒙古——哈拉和林和谐的宗教生活——大汗蒙哥"受洗"——哈拉和林的宗教辩论——蒙哥汗的宗教信仰——蒙古联合西方进军埃及的企图——日本人的大party——艰难的乌兰达坂——遇到骑行者——群山之中的乌瑞格湖——湖畔的远古石堆墓和石人——穿越欧亚的美国人——另一个达坂——游牧女王之墓

在人类历史上，最令人着迷的片段之一，是两种文明碰撞之初，各自的反应是什么。比如，当哥伦布的舰队踏上美洲的海岛，当他第一次看见岛上的土著时，是如何想的？土著发现了这群奇怪的外来人时，把他们当作什么，以及如何在信仰上调和现实和传说？

另一个历史时刻自然是欧洲对蒙古的反应。由于蒙古人崛起于无名之中，在他们出现之前，没有人认识他们，然而这群不知来历的游牧者突然间出现了，威胁着整个欧洲的安全，战战兢兢的欧洲人甚至不知道蒙古人什么时候会派出一个巫婆，来到他们的面前，要求他们投降。欧洲人如何调和蒙古人和他们自己的信仰？欧洲又如何与蒙古人沟通？这些问题都十分有趣，数百年来一直吸引着人们。

幸运的是，流传下来的资料恰恰记录了这样的时刻。我摘录了两封当时的信件，一封是天主教的教皇写给蒙古人的首领的，而另一封则是蒙古大汗贵由的回信。而现实中，还有第三封更长的信，教皇最初一下子写了两封信交给使者，其中一封信系统地阐述了天主教的基本教义，如道成肉身、三位一体、拯救、信仰等，希望蒙古人能够加入天主教的怀抱，但我很怀疑蒙古人是否能够看懂这样的信，即便看懂他们大概也不会感兴趣。反而是我摘录的教皇第二封篇幅不长的信更加有趣。

公元 1245 年，蒙古人的第二次西征已经结束，在用屠杀震惊了欧洲之后，蒙古人的军队已经回归了俄罗斯草原。这时的西欧世界开始恐慌，担心蒙古人不知什么时候再次冒出来大开杀戒。教皇英诺森四世作出重要决定，先发制人向蒙古派遣传教士作为使者，了解蒙古人的态度，并希望说服蒙古人放弃屠杀、皈依基督。

这封信用大段文字谴责蒙古人的杀戮行为，并威胁蒙古人：上帝会对你们的恶行进行惩罚的，不是不报，时候未到。你们趁早放下屠刀，改信基督赎罪。当然他也知道这样的威胁未必有用，而此行最大的目的是了解蒙古人，并争取进行有效的沟通，减少未来的冲突，至少不要让他们随意杀人。

鉴于不仅是人类，而且甚至无理性的动物，不，甚至组成这个世界的各个分子，都被某种天然法则按照天上神灵的榜样结合在一起，造物主上帝将所有这些分成为万千群体，使之处于和平秩序的持久稳定之中，因而，我们被迫以强硬措词表示我们对你的狂暴行为的惊讶，就并非没有道理的了——我们听说，你侵略了许多既属于基督教徒又属于其他人的国家，蹂躏它们，使之满目荒凉，而且，你以一种仍未减退的狂暴精神，不仅没有停止把你的毁灭之手伸向更为遥远的国度，而且打破自然联系的纽带，不分性别和年龄，一概不予饶恕，你挥舞着惩罚之剑，不分青红皂白地向全人类进攻。因此，我们遵循和平之王的榜样，并渴望人类都应在敬畏上帝之中和谐地联合起来共同生活，兹特劝告、请求并真诚地恳求你们全体人民：从今以后，完全停止这种袭击，特别是停止迫害基督教徒，而且，在犯了如此之多和如此严重的罪过之后,你们应通过适当的忏悔来平息上帝的愤怒——你们的所作所为,严重地激起了上帝的愤怒,这是毫无疑问的。你们更不应通过下列事实而受到鼓励,去犯更进一步的野蛮罪行,这就是:当你们挥舞强权之剑进攻其他民族时,全能的上帝迄今曾容许许多民族在你们面前纷纷败亡;这是因为有的时候上帝在现世会暂时不惩罚骄傲的人,因此,如果这些人不自行贬抑,在上帝面前低首下心地表示卑下,那么,上帝不仅可能不再延缓在今生对他们的惩罚,并且可能在来世格外加重其恶报。因此,我们认为把我们钟爱的儿子约翰·柏朗嘉宾及其同伴,即致送这封信的人,派到你处是合适的。他们有非凡的宗教精神,德行高洁,精通《圣经》知识。请你出于对上帝的敬畏,和善地接待他们,尊敬地对待他们,就好像接待我们一样,并且在他们代表我们向你讲的那些事情上诚实地同他们商谈。当你就上述事务特别是与和平有关的事务同他们进行了有益的讨论时,请通过这几位修士使我们充分地知道,究竟是什么东西驱使你去毁灭其他民族,你未来的意图是什么,并请给予他们一份护照和他们在来回旅途中所需的其他必需品,以便在他们愿意时,即可回到我们身边来。

1245年3月13日于里昂

　　派遣的使者就是著名的方济各修士约翰·柏朗嘉宾。在蒙古人和西方的交流史中,柏朗嘉宾比马可·波罗更早,也更加勇敢。但他的名声却比马可·波罗小得多,或许宗教和学术的影响力永远抵不上小道消息。

　　在叙述柏朗嘉宾见闻之前,不妨先把大汗贵由的回信列在下面。在贵由的回信中,可以看出蒙古人和西方人由于不同文化语境而产生的隔阂。

　　首先,贵由承认,教皇说的很多事情他都不懂是怎么回事。比如,为什么要他皈依基督,甚至对于基督是什么,他都缺乏概念。其次,贵由也不知道,蒙古人的杀戮为什么受到谴责。教皇说上帝要惩罚那些杀戮者,可是按照蒙古人的理解,如果教皇所说的上帝就是蒙古人说的老天爷(长生天)的话,长生天明明是叫世界上所有人都必须服从成吉思汗的旨意,因为成吉思汗执行的就是长生天的命令,成吉思汗和他后代的命运就是代表长生天去统治世界。所以,蒙古人杀人是替天行道,把不服从长生天的人都干掉，长生天应该高兴才对，为什么要惩罚？

只有理解了这个逻辑，才会发现，任何一种文化都有一种势力被认为是代表了上帝或者老天爷的。两种文化的冲突，往往是自以为代表了最高旨意的群体之间的冲突。

在回信中，蒙古人关心的事情只有一件：教皇既然遣使过来，就表明教皇早就听说过蒙古人了，而只要听说过蒙古人，教皇就应该虔诚地表示臣服于蒙古人。在贵由汗看来，教皇应该亲自把他的手下都带来蒙古人的面前，跪拜着听候分封。在这样的情况下，蒙古人是不会随便杀人的。

大汗贵由的信件如下：

我们，长生天气力里，

　　大兀鲁思之汗

我们的命令：——

　　这是送给大教皇的一份译本，以便他可以从穆斯林语得悉并了解信中的内容。在皇帝国土举行大会时，你提出的表示拥护我们的请求书，已从你的使者处获悉。

　　如果你的使者返抵你处，送上他自己的报告，你，大教皇，和所有的君主们一道，应立即亲自前来为我们服役。那时，我将公布札撒的一切命令。

　　你又说，你曾向上帝祈求和祈祷，希望我接受洗礼。我不懂你的这个祈祷。你还对我说了其他的话："你夺取了马札儿人和基督教徒的一切土地，使我十分惊讶。告诉我们，他们的过错是什么。"我也不懂你的这些话。长生天杀死并消灭了这些地方的人民，因为他们既不忠于成吉思汗，也不忠于合罕（成吉思汗和合罕都是奉派来传布长生天命令的），又不遵守长生天的命令。像你所说的话一样，他们也是粗鲁无耻的，他们是傲慢的，他们杀死了我们的使者。任何人，怎能违反长生天的命令，依靠他自己的力量捉人或杀人呢？

　　虽然你又说，我应该成为一个虔诚的聂斯托利派基督教徒，崇拜上帝，并成为一个苦行修道者。但是你怎么知道长生天赦免谁，他对谁真正表示慈悲呢？你怎么知道你说的这些话是得到长生天批准的呢？自日出之处至日落之处，一切土地都已被我降服。谁能违反长生天的命令完成这样的事业呢?

现在你应该真心诚意地说:"我愿意降服并为你服役。"你本人,位居一切君主之首,应立即前来为我们服役并侍奉我们!那时我将承认你的降服。

如果你不遵守长生天的命令,如果你不理睬我的命令,我将认为你是我的敌人。同样地,我将使你懂得这句话的意思。如果你不遵照我的命令行事,其后果只有长生天知道。

(回历)644 年 6 月末

皇帝之玺

长生天气力里,大蒙古兀鲁思全体之汗圣旨。敕旨所至,臣民敬肃尊奉。

除了两种文明交汇之时各自的理解之外,我还对蒙古帝国时期大量的世界旅行家感到钦佩,而柏朗嘉宾显然也是其中的佼佼者。开始旅行的时候,他对于蒙古人会怎么对待他——是杀了他还是吃了他——完全没有概念,他只是出于强烈的宗教使命感,前往那个在他看来是地狱的地方。

作为对比,教皇当时还派遣了另一位叫劳伦斯的葡萄牙人,去往中东地区会见当地的蒙古人,但这位使徒似乎并没有完成使命。

方济各修士柏朗嘉宾从法国里昂启程后,与一位波兰人伙伴经过了 10 个月才穿过了欧洲,到达了基辅大公国的首都乞瓦(基辅)城。在乞瓦城看到的景象更让修士们感到寒心:

当我们行经那个地方时,我们看到无数死人的骷髅和骨头,狼藉满野。乞瓦过去是一座很大的和人口稠密的城市,但是现在它几乎什么也没有了,因为在那里目前剩下的房子还不到二百所,而居民们则被置于完全的奴隶状态。

1246 年 2 月 3 日,修道士离开乞瓦,20 天后遭遇了蒙古人的军队。他们的危险到来了,是死,还是被折磨?这个年过六旬的方济各修士早已把生死置之度外了。但他不知道,蒙古人有着丰富的战争礼仪,对于使者从来不进行虐杀。欧洲人只看到了蒙古人的残酷，却忽视了不同民族有不同的道德规范。在遵守纪律上，蒙古人堪称典范。

当夕阳西下，我们正在停下来准备过夜时，一些武装的鞑靼人以可怕的样子向我们冲来，要知道我们是什么样的人。我们回答说，我们是教皇陛下的使者，于是他们接受了我们的一些食物，就立刻走开了。

第二天，他们见到了蒙古人的一位首领，这个首领听说了他们的使命，同意提供马匹把他们送到蒙古人在西部的指挥官阔连察那儿去。

不过，修道士记录下了一个很有趣的现象，遇到的每一个蒙古人都试图向他们索要礼物，看来是把他们当作了商人。

阔连察听说了他们的来历，却由于没有恰当的翻译，无法阅读拉丁文的信。但他仍然决定把修道士送到金帐汗国的汗王拔都（成吉思汗之孙，术赤之子）那儿去。修道士从2月26号出发，每天换三四次马，依次渡过第聂伯河、顿河、伏尔加河、乌拉尔河，紧赶慢赶在4月4号到达了拔都的营帐。

在营帐里，修道士如同臣属一样下跪禀告。在这里，拔都命人把拉丁文的信翻译成小俄罗斯语、波斯语和蒙古语。他看过信，修道士们以为此行就要结束了，他们的使命就是把信交给蒙古人，再等待一封回信。

但这时，拔都却接见了他们，告诉他们一个不幸的消息：他决定把修道士送往遥远的蒙古帝国首都去见大汗贵由，这意味着修道士们要在荒原之中跋涉数千公里。

复活节日，我们做了弥撒，并随便吃了一点食物，然后同阔连察派给我们的两个鞑靼人一道离开了拔都的驻地，这时我们留下很多眼泪，因为我们不知道是走向死亡还是走向生活。我们是如此虚弱，以致几乎不能骑马。在整个四旬斋期间里，除了用水和盐煮的小米外，我们没有任何其他食物，在其他斋日，也是这样；而且除了用锅烧化了的雪水外，我们没有其他饮料。

修道士们每天换马的频率更加快了，柏朗嘉宾这个白发的老人豁出性命去跟上蒙古人的节奏，路上处处是被蒙古人奴役的人们，以及被蒙古人杀死后无法埋葬的尸骨像马粪一样摆在草原上。在这里，天气最炎热的季节也会下雪，这让修道士们哀叹不已。

三个月后的7月22日，修道士们终于到达了哈拉和林附近的贵由营地。在这里，他们见证了贵由汗的登基仪式。蒙古人之所以让他们拼命赶路，显然是想让他们作为教皇的代表参加仪式，有时候为了赶路，一天连一顿饭都吃不上。修道士们稀里糊涂就被当作臣属的使节来对待了，这也是为什么贵由汗在回信时会提到教皇应该亲自来拜见。在拜见蒙古人的队伍中不乏属国的元首，柏朗嘉宾看见了俄罗斯的公爵，东方人（他认为是契丹人）的国王，以及伊斯兰教的苏丹，使节就有四千人之多。

各方使者呈献的礼品如此之多，真是洋洋大观——丝绸、锦绣、天鹅绒、织锦、饰以黄金的丝制腰带、珍贵的毛皮和其他礼品。在这些礼品中，还有一种用以撑在皇帝头上的遮阳伞或小布篷，上面全部饰以宝石。有一个地区的某长官呈献了一群骆驼，这些骆驼身上覆盖着锦缎，在骆驼鞍上有小楼似的装备，内可坐人，我估计，这群骆驼大约共有四五十匹。此外，他也呈献了许多马和骡，这些马、骡身上都覆盖着皮甲或铁甲……在距帐篷相当远的一个小山上，停着五百多辆车子，车子里满载金、银和绸衣，这些东西由皇帝和首领们进行分配。

但在这样的场合，从西方来的可怜修士们却掉链子了，当8月24日贵由登基时，他们被问及给大汗带来了什么，他们回答：什么都没有，因为他们的东西在路上都送光了。虽然他们和其他使节得到过贵由热情的宴请，可在大部分时间里，蒙古人似乎把他们忘了，他们缺衣少食，差点儿饿死。

贵由终于接见了他们，并命令三位蒙古人合答、八剌和镇海拟定了蒙古文的回信，又逐字对柏朗嘉宾做了解说，让他用拉丁文记录下来。再让柏朗嘉宾把拉丁文译稿解说给他们听，保证意思准确无误。蒙古人还担心这样做不完善，再次交给柏朗嘉宾一份波斯文的译稿。

11月13日，修道士们拿到了护照，几天后离开了哈拉和林贵由汗的宫廷。他们在北方的雪地里挣扎回到了欧洲。

> 整个冬季，我们都在赶路，除了我们可以用两只脚挖出一块地方的时候外，就只好常常睡在沙漠中的雪地上。在没有树的开阔平原，我们常常在醒来时发现，我们的身体已完全被风吹来的雪所覆盖。

柏朗嘉宾的回忆录还记载了蒙古草原的地理环境、风土人情、宗教习惯，以及他们的军队和作战方式，他向教皇提出，如果西欧要抵御蒙古人的进攻，必须增加机动性，并加固城池，做好坚壁清野的准备，同时要时刻提防敌人出其不意的打击，提高警戒水平。但这些措施最终都没有用上，因为蒙古人在内斗中耗光了精力，对欧洲再也没有组织起像样的进攻。

7月26日，我离开了废弃的房屋，挥手向帐篷里的老人告别，继续上路。接下来的一段行程是距离湖边最近的一段。那些开车来湖边游玩的人们还没有把帐篷收起来，孩子们在湖边玩耍着。

吉尔吉斯湖畔还有几处土林地貌，早已经风化的红色和黄色的干土极其鲜艳，与湛蓝的湖水形成对比。从这里开始，修路的工程车越来越多，中国人、当地人大量在路边出现。突然，我撞入了一段柏油路。这段路大概前两天刚铺好，在黑黝黝的道路上只有一道车辙留下的灰痕，我是第二个用这条路的人。

柏油路持续了大约20多公里，直到纳兰布拉格之前才结束。不过，这时更加吸引人的不是柏油路，而是远方突然展现的两座雪山。这也是我第一次在蒙古国见到雪山。蒙古国的地形西高东低，东部的肯特山最高不过2000米，中部的杭爱山也没有超过4000米，前几天我远远地看到了杭爱山的顶峰鄂特冈腾格勒，这座山峰的顶部东面大约有500米的积雪，如同一个超小的帽子扣在庞大的身躯上，而我是从西面看山峰，所以看不到任何积雪的痕迹。

只有西部的阿尔泰山区，才有若干4000米以上的积雪山峰。我看见的这两座分别是4037米的哈尔黑拉（Kharkhiraa）和3965米的图鲁根（Turgen），而乌布苏省的首府乌兰固木就在这两座雪山东北方的山谷里。我接下来几天的行程大都是围绕着这两座雪山进行的：最初从山的东部靠近它们，再折向北方到达乌兰固木，从乌兰固木出发向北，翻越雪山所在的山脉，再折向南方出现在雪山的西侧，向西到达巴彦乌列盖省（Bayan-Olgii）的首府乌列盖，再从乌列盖向西南方向，绕过雪山前往最终的目的地科布多。可以说，正好以顺时针方向绕着两座雪山走了四分之三圈。

由于两座山峰高耸，从方圆上百千米内的城市几乎都可以看到它们的身影，离开吉尔吉斯湖，首先到达的城市是纳兰布拉格，它的地位相当于中国的地级市。这也是我离开乌嘎马勒后到达的第一个城市。

说是城市，其实与中国的村庄规模相当。在这里我买了几瓶水，又要了一袋巧克力糖，出村时分给了街头的孩子。一个醉汉拦住我要和我握手，又突然友好地拥抱我，拍着我的背，周围的人看着哈哈大笑。不过，后来我才知道，由于外面中国工人和本地人之间没有取得信任，中国人一般不会开车进来，即便要到城里买东西或者看病拿药，也往往把车停在城外走进来，而我骑车进了城，醉汉不知道算不算违规，所以才来和我打招呼。

离开纳兰布拉格，柏油路也终于结束了。修路工人们还在热火朝天地干活儿，但要把所有路面都铺上柏油，似乎还需要几年时间。

道路从向西变成了向西北方，最终折向了北方。前面出现了一座陡峭的小山，爬山用掉了这一天剩下的时间。距离太阳落山还有两个多小时，我上到了山口，在山口的另一侧是一个规模巨大的平原盆地。甚至可以说是一个数万平方千米的巨大湖盆，只是现在的湖水已经退去，只占据了盆地东北部，即便这样，这个湖也是蒙古国的第一大湖，它叫乌布苏湖，被联合国教科文组织列入世界自然遗产目录。

在山口的位置，由于地形的遮挡看不见湖面，只能看见平原的正中央有一座不高的小山，山旁是一座发光的城市：乌兰固木。

由于地势过于开阔，蒙古草原会让人丧失距离感。比如，当我从山口看见这座城市时，我会下意识地估算：已经很近了，距离城市还有 10 公里。

但是，当我骑自行车下山下到一半的时候，碰到了几个中国工人，谈到了不远处的城市，一个工人悠然地点着头，"是不远啦，只有 60 里路了"。他的回答让我感到吃惊：仿佛近在眼前的城市实际上还在 30 公里之外！

那群工人是我下山时碰到的，刚见面还没有说话时，他们好奇地望着我，用中文在讨论着我是哪国人。"中国人。"我回答。这句回答让他们喜出望外，我也决定当晚和他们住在一起，在他们的帐篷外搭上了我的小帐篷。

碰见同胞最现实的好处是可以吃一顿家乡的饭菜了，巨大的白馒头和香喷喷的白米粥，加上带肉的菜。一个中年人生怕我吃得不够好，又塞给我几个咸鸭蛋。这些咸鸭蛋是他们从国内带来的，自己舍不得吃，全送给了我。是啊，为了来到这里，他们必须先从河南老家坐火车到新疆的乌鲁木齐，再从乌鲁木齐坐汽车到塔克什肯口岸，过境后再搭车折腾几百公里，才能到达这里。

"你们为什么不去北京坐火车到乌兰巴托？从总的路程上看，这样还更近一些。"我问道。

他们回答：从北京坐火车太贵了。而他们不在意在国内多跑一些路，只在意在蒙古国境内少走些路。从塔克什肯到乌布苏只有几百公里，而从乌兰巴托过来最近也要一千多公里。

在用钱上，他们都非常节俭。在蒙古国住在工地上几乎花不到什么钱，即便眼睛就能看见乌兰固木，但所有的人都没有去过那儿，也就没有消费了，所有的钱都积攒下来寄回家。

这些中国工人干的活儿是当地人的几倍。不仅在蒙古国，中国工人在世界上都是最能吃苦的。

在蒙古国，中国工人由于语言无法和当地人沟通，也总是宁肯避开当地人。可这样的结果反而增加了两者的隔阂，增加了不信任感。实际上，如果他们能大胆一点与当地人多接触，说不定能更容易和他们沟通。但雇用工人时，中国公司往往会提醒他们谨慎地和当地人接触，这也增加了陌生感。

当他们看见我带着相机的时候，请我帮他们照几张照片寄回家去。我满口答应下来。他们生活艰苦，却总想把出国后最美好的一面表达出来，让家人放心。我回国到达新疆青河后，第一时间就把照片洗好寄给了他们的家人。

当晚下起了雷阵雨，雷声和闪电的间隔最小时只有半秒钟，也就是距离我只有100多米，但我睡得很踏实。只是这一夜我又忘了看一看帐篷哪头高一些，睡觉时有点儿头朝下，第二天脸又积水了，眼皮肿得老高，吓了他们一跳。

我已经到达了阿尔泰山一带。这让我想起了一位八百年前经过这座山的老人。他从中国的山东出发，一路跋涉着横穿了整个蒙古草原，从西面的阿尔泰山进入新疆北部，再进入中亚的河中地区。他是元朝时期少有的穿越了中亚的中国人，他的旅程比柏朗嘉宾还要早，在成吉思汗还活着的时候就完成了。

这位老人是长春真人丘处机，他的徒弟李志常写下了《长春真人西游记》这本书，来纪念他的旅程。

金代时，由于中原的铁马兵戈，使得过惯了太平日子的中国人再次体会了幻灭的滋味，任何一个这样的时期都是人们重新皈依宗教的时期。一位叫作王喆的陕西人出现了，他号称重阳子，住在一个自己挖的墓穴里，号称活死人墓。他就是金庸小说中的武林高手王重阳。王喆虽然中过进士，但他的文采还是带着严重的土腥味儿，写诗像顺口溜。

王喆后来去了山东，在那儿招了七个徒弟，创立了全真派。而这七个徒弟中最有出息的是长春真人丘处机。丘处机和他的师父一样，善写炼丹和延长寿命的顺口溜，在民间，这种信口开河叫二八话，即看着似乎有道理，却没有人真的能做到，也无法验证其真假，比如：

还丹要妙筑基先，筑得基牢寿命延。延寿须饮延命酒，饮将一得返童颜。
月在当头星在天，阴阳妙处岂言传。人将纸上寻文字，看尽丹经也惘然。

人们传说丘处机会长生不老之法，而这个名声竟然传出了山东，直传到了几千公里的蒙古帝国的宫廷。

当蒙古人攻下了金中都，控制了山东部分地区之后，成吉思汗派出了一位官员刘仲禄从首都哈拉和林以西的乃蛮国故地出发，让他打听到底有没有丘处机这个人，如果有，就带他来见。

刘仲禄到达北京之后，那儿的道士告诉他：这个人有没有还不知道呢。

不过刘仲禄是一个勤劳的大臣，他继续东行，到真定的时候确定有这么个人在蓬莱。他立即决定带五千人马去接丘处机，却被告知蒙金战争刚刚告一段落，如果他兴师动众，会让地方百姓害怕，也会让丘处机闻声逃窜，反而见不到了。

刘仲禄最终带了个二十人的小队伍来见丘处机。丘处机带着徒弟李志常仓促起行，在北京待了一段时间，从野狐岭北上，穿越了茫茫蒙古草原，到达了如今中国东北和蒙古国交界的贝尔湖，再从贝尔湖顺着草原，特别是克鲁伦河谷地，穿越了整个蒙古草原。

对于作为道士的丘处机，并没有给人留下太深的印象，但作为旅行家，这位道士却表现出一流的水准。作为70岁的老人，他跋山涉水不畏艰险。这位旅行家也向我们展示了当时北方的道路，当丝绸之路相比这条路堪称"高速公路"。当时如果要从北京前往欧洲，最容易的道路是经蒙古国哈拉和林进入新疆北部，再进入中亚，这条路属于草原高速公路。当蒙古人希望长春真人尽快到达的时候，他们选择了这条高速公路。

李志常记载的行程也颇为壮观，当他们在杭爱山中行进时，丘处机把这里称为大寒岭。李志常写道：

凡遇雨多雹，山路盘曲西北且百余里。既而复西北，始见平地。有石河，长五十余里，岸深十余丈，其水清冷可爱，声如鸣玉。峭壁之间有大葱，高三四尺。涧上有松，皆十余丈。西山连延，上有乔松郁然。山行五六日，峰回路转。林峦秀茂，下有溪水注焉。平地皆松桦杂木，若有人烟状。寻登高岭势若长虹，壁立千仞，俯视海子，源深恐人。

这一段所描写的正是从车车勒格附近到白湖的行程。我于7月15日到17日这段时间恰好从这里骑车路过，所看到的景象与李志常所描写的非常接近。而文中出现的所谓石河和峡谷，就是我所看见的楚鲁特峡谷，而海子就是人称白湖的查干湖了。

他还记录了蒙古族特有的游牧民族的石堆坟墓，以及山上的敖包。虽然他不知道这些墓葬的历史即便到他的年代，也已经有两千年。

在白湖岸边，他们见过了成吉思汗的后妃，继续西行。最令人纠结的是到达八剌喝孙之时，这座城市在乌里雅苏台的西南方，由成吉思汗时期的名臣镇海驻守，故又作镇海城。在这里，长春真人见到了来自汉地的工匠。令人吃惊的是，这里还有金章宗的两个妃子，她们在北京失陷后被抓来。另外还有一位金朝和亲公主的母亲。几个人向长春真人哭诉着。

在这里，由于得知成吉思汗已经出发西征，丘处机不想继续前行，而镇海为了劝说他走下去，亲自加入了他们的队伍。他们继续西行，翻越了阿尔泰山，进入新疆境内，从新疆再进入河中的撒马尔罕。休息一个冬天后，又从撒马尔罕过铁门到达了位于前线的巴里黑。

这时的巴里黑一年前刚刚经过屠杀。当志费尼提到巴里黑时，记录了巴里黑的投降及成吉思汗的屠杀。而当柏朗嘉宾、鲁不鲁乞等人记载旅程时，总是将当地以前的历史详细介绍。可是李志常的记载却言简意赅，心无旁骛，和平安详，他记载了不少风景，却很少记载当地的人文。蒙古人的屠杀和残酷没有记载，他只记录和长春真人有关的活动，也许另有隐情。

成吉思汗见到长春真人后，真正关心的是长生不老，对于身为蒙古人的他来说，宗教的作用如同萨满一样，就是提供对于事件的预测，并给人以不死的希望。这次，作诗时故意把人绕入云山雾海的丘处机不敢再打忽悠，只好如实回答："有卫生之道而无长生之药。"

李志常笔下的成吉思汗简直是完人，他对丘处机的诚实赞赏备至。但从他后来的行动看，却未必是这样。见过几面之后，成吉思汗把丘处机打发走了。作者虽然记载了成吉思汗的挽留，但如果仔细考虑就会发现，成吉思汗对于文明地区的有用之人都不择手段让他加入到自己的随从之中，为自己服务。而他轻易放行了丘处机，证明这个只会卫生之道的老道士对于他的确没什么用，他不必安置。

这个在中原逐渐被神化的人物离开了蒙古人的眼界，回到了中原。四年后，默默地死去。

在丘处机没被蒙古人重用之时，突厥、波斯、俄罗斯、西藏和叙利亚的文人却在拼命地为蒙古人服务。在蒙古人划定的四个等级的种姓制度中，这些人排在了蒙古人之后，构成了第二个等级：色目人。

法国的历史学家，也是我最佩服的研究西域的学者伯希和，发掘出一个叫作列边阿答的叙利亚人，就是当时冒险家的代表人物。

列边阿答是一个出生于叙利亚的景教徒，他曾经游荡于中亚各地，并为克烈部的王罕服务。因为克烈部信奉景教，列边阿答也成了王罕的心腹。克烈部被成吉思汗吞并，克烈部的人民却受到了优待，而列边阿答也借机成为成吉思汗的座上客，参加机密会议。列边阿答离开蒙古时，把徒弟爱薛推荐给了大汗，后者成长为元代的一代名臣。

列边阿答回到叙利亚，帮助基督教徒避开蒙古人征服的残害，让蒙古人善待基督徒。由于他的身份，他甚至试图调解教皇和神圣罗马皇帝的纠纷。

克烈部的镇海的足迹从中国到阿富汗，他是成吉思汗的总文案，负责着各种命令和文书的撰写。蒙古人由于没有文字，最初不得不借用畏兀儿文，使得掌握了这门文字的镇海成为文人中的佼佼者。

7月27日，离开中国工人之后，在我的面前出现了两座城市，一处是30公里之外的省会乌兰固木，但在乌兰固木的南面、靠近哈儿黑拉山脚下的地方还有另一座城市塔里亚兰（Tarialan）。在地图上，这两座城市相距也恰好是30公里，中间是大片的草原。在空旷的野外，这30公里显得那么微不足道，看上去塔里亚兰就像是个乌兰固木郊区的荒凉小村子。

去往乌兰固木的路上还能看见庞大的乌布苏湖，从面积上讲，乌布苏湖是蒙古最大的湖泊，但这个湖泊平均深度只有七八米，不比池塘深多少。但这里与世隔绝，没有外流系统，使得这个湖泊形成了特有的生态系统，加之湖边除了有高大的雪山，还有沙漠、草原，地理条件复杂。在乌布苏湖上一团团的卷云如同美丽的花边，增加了湖的色彩。

乌布苏省的居民大部分已经不是作为蒙古族主体的喀尔喀人，而是分成了两部分，一部分属于卫拉特蒙古人的一支——杜尔伯特部，而另一部分则是从西面过来的哈萨克人。

清代时卫拉特蒙古人曾经占据了北疆地区和蒙古西部，但卫拉特首领噶尔丹和他的继承人们被清政府打败后，中亚地区的哈萨克人乘机从西面迁来，使得北疆地区和蒙古西部都变成了哈萨克人的聚居区。哈萨克人从渊源上可能夹杂了蒙古人的血统，但与喀尔喀蒙古人、卫拉特蒙古人又有着根本的区别。

乌兰固木与蒙古其他地区的一大区别在于郊外庞大的墓地，上面插满了林立的石笋，带着伊斯兰特色，哈萨克人和中亚的其他人种一样，都已经被伊斯兰化了。

蒙古的两大汗国也伊斯兰化了。谁也没有想到，当年伊斯兰教最大的敌人蒙古人，在短短的几十年之后，面向西方的两大汗国——波斯汗国和金帐汗国——都变成了伊斯兰教的属地。尚武的精神无法抵挡宗教的魅力。

当柏朗嘉宾回到欧洲时，基督教看上去还非常有希望与蒙古人结缘。虽然柏朗嘉宾带回的信里充满了粗鲁的言辞，教皇英诺森四世还是又派出了两个使节前往蒙古人的营地。这次的两个使节来自多明我会，分别是阿思凌（Ascelin）和图尔内的西蒙（Simon of Tournai）。他们没有去往大汗的宫廷，而是向叙利亚、土耳其方向去寻找蒙古人的军队。他们去的地方在未来恰好是波斯汗国的领地，但这时波斯汗国还没有建立，旭烈兀还没有出发，统治这片区域的是蒙古将军拜住。他们在里海的西岸找到了拜住的营地。拜住是一个粗鲁的汉子，他被传教士的傲慢所触怒，甚至想杀掉他们。但从蒙古本部恰好来了一位重要的官员宴只吉带。宴只吉带是早期蒙古重要的将领，官阶在拜住之上，后因反对大汗蒙哥而被处死。

宴只吉带看到了蒙古人与西方人结盟的必要性，他认为要打败伊斯兰教徒，需要与西方的基督徒联合起来。于是写了一封怀柔的书信让传教士带回，甚至派出了自己的使节与传教士同行。蒙古人的使节见到了教皇，还有法国人的国王路易九世。路易热衷于圣战，组织过十字军，死后被教廷封圣，史称圣路易。

法国国王对蒙古人的怀柔很感兴趣，他派出了自己的使团去见蒙古人。这个使团的领头人是多明我会修士龙如美的安德鲁（Andrew of Longjumeau）。

龙如美使团花了一年时间来到叶密立河畔贵由汗的大帐时，却发现贵由汗早已死去，现在摄政的是贵由汗的妻子，皇后斡兀立·海迷失。由于海迷失缺乏必要的执政经验，不知道怎么对待欧洲人，只写了一封一般的回信，内容还是要西方人表示臣服。

至此，将军大臣宴只吉带和摄政皇后之间的对外政策已经有了显著的差异。

不过，不死心的法国国王再次向蒙古帝国派出了一个使节团，由方济各会修士威廉·鲁不鲁乞率队。鲁不鲁乞所记载的蒙古之行，应该成为中世纪纪实文学的经典，这个人的笔触非常冷静，描写非常细致，甚至带着点现代史学的味道。他不仅记录史实，还记录蒙古的社会、风土、人情、宗教。我们通过它了解蒙哥时期的蒙古可能比其他任何来源都多得多。

鲁不鲁乞从拜占庭的君士坦丁堡坐船出发，纵穿黑海，在北岸的克里米亚半岛登陆，之后改走陆路进入蒙古人的地界。他们先见到了一位当地的蒙古人首领司哈塔台，又见到了拔都的儿子撒儿塔。撒儿塔把他们送到了金帐汗国的汗王拔都那儿去，拔都再次把他们送往蒙古本部大汗蒙哥的营帐。

他们所走的道路大约是我骑行道路的反向，但我并未深入蒙古国西北部地区，而是从新疆直接进入更靠南的位置，再前往哈拉和林附近。蒙哥汗冬季的营帐在距离哈拉和林十天路程的地方，欧洲人在那儿看到了大汗。

蒙哥汗坐在一张床上，穿着一件皮衣，皮上有斑点且有光泽，像是海豹的皮。他的鼻子扁平，中等身材，约有四五十岁。年轻的妻子坐在他身旁。已长大成人的名叫昔里纳（Cirina）的女儿，同几个小孩一起坐在他们后面的一张床上。

和亚洲、欧洲舒适的宫廷比起来，蒙哥汗就像是一个遥远的乡下人，可就是这个处于荒山野岭的乡下人却成了半个世界的主宰。

令鲁不鲁乞吃惊的是，大汗的周围已经围绕了很多宗教人士，这里有作为基督一支的景教徒，还有伊斯兰教徒，另外还有道教人士。基督教甚至在所有的宗教中还略占优势，因为蒙哥汗的妻妾中很多人来自克烈、汪古等信奉景教的部落。这里还有纯正的基督徒,他们来自德国、法国,由于各种原因被俘获,出现在蒙古草原之上。当然还有俄罗斯的东正教教徒,他们来自金帐汗国的领地。

蒙哥汗仍然信仰萨满教,但他谦逊地对待各种宗教,只要他们听话,蒙哥汗就用怀柔的态度来对待他们。

关于蒙古人对宗教的宽容,鲁不鲁乞写了一件很有意思的事情。在主显节之前,一位景教修士告诉鲁不鲁乞,他将在那一天为蒙哥汗施洗。施洗意味着大汗归顺基督教,鲁不鲁乞认为这是一件大事,请求做目击者。

但到了那一天,修士并没有来叫鲁不鲁乞,反而是大汗专门叫人来请他。鲁不鲁乞于是看到:

我看见那位修士正和几位教士离开那里,他手持他的十字架,教士们拿着香炉和福音书。那一天,蒙哥汗举行了一次盛大宴会。在他的占卜者们告诉他是节日的日子,或在聂斯托利派教士们说由于某种原因是神圣的日子举行朝会,乃是他的习惯。在这些日子,基督教教士们首先携带举行仪式的用具到来,他们为他祈祷,并为他的酒杯祝福。当他们退出时,萨拉森(伊斯兰)教士们到来,做同样的事情。在萨拉森教士退出后,异教教士(道士)到来,也做同样的事情。那位修士告诉我,蒙哥汗只信仰基督教;不过,他愿意他们全都来为他祈祷。但他是在说谎,因为蒙哥汗不信仰任何宗教……

总之,基督教认为神圣并且一生只有一次的施洗仪式,被蒙哥汗拿来当节日的点缀,每个节日都要举行,而且伊斯兰教和道教也都要给他施洗。在蒙哥汗看来,这些人的施洗和萨满教的驱魔仪式一样,都是在祝福他健康长寿,除此之外没别的用处。

鲁不鲁乞和蒙古人在一起待了几个月,虽然他是法兰西国王的使者,但他时刻不忘自己的身份——传教士。他甚至在这里举行过一次别开生面的宗教辩论,参加的人除了基督徒之外,还包括伊斯兰教徒和道士。

这次辩论是蒙哥提出的,大约发生在鲁不鲁乞到来五个月后。蒙哥说:"你们都在这里——基督教徒、萨拉森人和道人——你们之中每一个人都宣称,自己的教规是最好的,自己的文献——即他的书籍——是最正确的。"因此大汗希望这些人在一起辩论,每个人都把他的辩词写下来,以便蒙哥能知道谁赢了,以及谁说的是真理。

为了迎接挑战,鲁不鲁乞准备充分,他专门制定了辩论技巧,决定先击破道士,因为伊斯兰教和基督教一样,也支持只有一个真神,在这一点上,他可以和伊斯兰教取得共识,共同击败宣称有很多神的道士。

在辩论时,道士果然又谈到世界上有许多的神,一个最大的,下面有许多次级的,以此类推,除了天上有神之外,地上也有神。而鲁不鲁乞坚持世界上只有一个神,这个神是全能的、善的。

在辩论中,似乎双方都不能理解对方为什么这么想。他们对神的定义都是不一样的。基督教的神更加思辨,也更加抽象,包含在整个宇宙之中。可是道教神的形象却是具体的,每一个神都和人一样有七情六欲,也有无数的缺点。道士们不理解,既然世界上只有一个神,他又怎么管得了这么大的世界,毕竟,神出现在这里,就不可能同时出现在那里。而对基督徒来说,神却是抽象的,可以同时存在于所有的地方。

由于不能理解对方对神的定义,这次辩论显得驴唇不对马嘴,不会有结果。但鲁不鲁乞却从气势上压倒了对方,在他看来,自己是胜利了。

当道士决定不再争辩时,基督徒又想和伊斯兰教徒继续辩论下去。伊斯兰教徒却聪明地推脱了,说他们赞成一神论,鲁不鲁乞不管说什么,他们都没有意见。辩论结束后,伊斯兰教徒、景教徒、道士们开始想方设法相聚言欢喝酒。

鲁不鲁乞从欧洲过来,习惯于你死我活的辩论,却不知道这里的宗教人士也和蒙哥大汗一样,学会了互相尊重,和平共处。他们并不想争个你死我活,只愿意一起从蒙古人身上捞取好处,于是他们之间充满了和谐和互助的气氛,带着宗教宽容精神。

当然,蒙哥汗虽然尊重各种信仰,心中却有着自己的归属,那就是本民族的宗教:萨满教。或许可以由他亲口把蒙古人的信仰说出来。他告诉传教士:

我们蒙古人相信只有一个上帝（即腾格里），在他保佑下我们生活，在他保佑下我们死亡，对于他我们怀着一颗正直的心。但是，正如上帝赐给手以不同的手指一样，同样地，他也赐给人们以不同的方式……上帝赐给你们《圣经》，你们并不遵守它们。另一方面，他赐给我们占卜者（即萨满），我们按照他们告诉我们的行事，平平安安地过日子。

蒙哥汗给法兰西国王回了信，如同前任大汗贵由一样，他也强调，西方必须归顺东方，否则上帝（腾格里）将会派蒙古人去惩罚他们。他派人把传教士送出了蒙古人控制的地界。

传教士鲁不鲁乞不知道的是，蒙哥大汗接见他们的时候，并非整天在醇酒和妇人中消耗时日，他们实际上已经在准备另一次西征，也就是旭烈兀的西征，这次西征打掉了伊斯兰教的阿萨辛派，更直接毁灭了巴格达的哈里发。

在接见了鲁不鲁乞不久，蒙哥汗接见小亚美尼亚的基督教国王海屯时，明确告诉他将要出征的消息，并安慰他，请基督徒放心，蒙古人不会以中东地区的基督徒为敌。这可以看作蒙古人试图联合基督徒共同打击伊斯兰教徒的重要表现。

旭烈兀的远征军横扫了中亚，到最后，伊斯兰教只剩下埃及和北非的领地仍然在蒙古人的铁蹄之外。但就在这时，蒙哥汗死了，为了应付新的大汗选举，旭烈兀停止了进军，人心的涣散使得埃及的马穆鲁克苏丹打了一次胜仗，打败了蒙古人。

之后，蒙古人再也没有在同一个大汗领导下进行过远征，各个汗国各行其政，甚至相互厮杀。旭烈兀及其后代的波斯汗国与察合台汗国、金帐汗国先后发生冲突。而基督教世界恰逢教皇和神圣罗马皇帝的争端，以及英法之间的一系列悲剧战争。伊斯兰教徒乘机反攻，不仅站稳了脚跟，还获得了巨大的收获：他们让波斯汗国和金帐汗国的蒙古汗王都皈依了伊斯兰教。

在皈依伊斯兰教之前，信奉萨满教的波斯汗国曾经做了最后一次尝试，试图联合基督徒对付伊斯兰教徒。这件事发生在 1289 年。那年波斯汗阿鲁浑给法兰西国王菲利普四世写了一封要求联合的信件：

长生天气力里，大汗福荫里，兹谕法兰西国王：

　　你通过使者马巴儿扫马通知我："我伊利汗（即波斯汗）的军队进攻埃及之时，我们将出兵同他会和。"接到你方这个口信，兹答复如下：信赖上帝，我们建议于豹儿年冬季最后一个月（1291年1月）出兵，并于春季第一个月的十五日前后营于大司马城下。如果你恪守信用，于约定时日出兵，而上帝又赞助我们，则当我们攻下耶路撒冷之时，即以此地赐你。但是，如果你未能出兵同我们会合，则我们的进军将徒劳无益，那样难道是合适的吗？如果以后我们不知道采取什么行动，又有什么用呢？

　　阿鲁浑还提议他可以供应两万名十字军的食物。从阿鲁浑在信中对基督教和上帝观念的熟练运用，也可见基督教对于蒙古人影响已经颇深。

　　但可惜的是，整个西欧世界已经陷入了内争之中，没有人关心阿鲁浑的提议了。只有英格兰国王爱德华一世试图通过新的十字军联合基督教世界，但他的尝试失败了。

　　1291年，本该是蒙古人联合西欧征服埃及和耶路撒冷的时刻，西欧基督教徒在东方的最后一个据点亚克却在这时被埃及人夺走。直到近代，欧洲人才又重新在中东找到立足点。此时阿鲁浑也已经死去，他的儿子完者都转向了伊斯兰教。波斯汗国成了伊斯兰教的天下，并逐渐衰落、消亡。阿鲁浑念念不忘的征服埃及也终成梦幻。

　　经过乌兰固木时，我并没有停留。我对蒙古国的山、水、草原和人感兴趣，但对城市却没有感觉。接下来，我将经过一路上最漂亮、也最艰难的一段路——从乌兰固木去往最西部的巴彦乌列盖省。该省的首府是乌列盖市。

　　在乌布苏省和巴彦乌列盖省之间横亘着一条高耸的山脉，那两座雪山哈儿黑拉和布鲁根就属于这里。如果要去往乌列盖市，必须从乌兰固木所在的谷地里找到合适的山口翻过这座山。虽然乌列盖在西南方，为了寻找山口，道路先要向北前进，向着蒙古国与俄罗斯的边境处骑行。

西面是如同巨龙的山脉，阻挡着人们向西的意愿。在山峰与山峰中间，有几道缝隙一样的山沟，到底哪一条山沟可以攀缘而上，形成山口呢？由于岔道众多，我甚至两次走错路，最后才发现了真正的岔道。

这是一条什么样的路啊！它笔直地向山脉延伸着，丝毫不考虑坡度、高度的问题。在近的地方，这条路还能看出宽度，更远方则像一条线一样消失在山的一条缝隙里。

由于坡度很陡，我艰难地骑着自行车，每隔百米就要休息一次。在远方路边的草原上似乎有东西，一开始什么都看不清，随着我靠近，出现了两个亮晶晶的小点，后来变成了小块，最后我看清楚是两辆吉普车。在车的旁边有一些人正在休息，他们在地上铺了布，旁边摆上了折叠桌，似乎有人在做饭。

那儿的人也在望着我，等待着我靠近。可他们足足等了半个多小时，我才骑到他们附近。一个长相善良的老人向我走了过来，挥了挥手，我停下了车。

"你看见了一个日本人的party。"他说着，用手指了指身后的伙伴们，大都是头发花白的老人，"是的，都是日本人。"

他让我休息一会儿，给我拿来一个纸杯，倒上啤酒，我喝完他又给倒了一杯。他们都是退休之后来玩的，从日本坐飞机到乌兰巴托，然后再坐飞机到乌列盖，租了越野车，今天准备赶到乌兰固木。

"我们的行程已经快结束了，过两天就要回日本了。"一个人告诉我。

休息了一会儿，我告别了他们继续上路，从一位年轻的蒙古姑娘面前走过的时候，发现她在擀饼，大概也是想做牛肉炒饼。

从这时开始，我发现自己进入了最热闹、最有人情味的一段旅程。比起乌兰巴托附近，这里的当地人更加热情，也更欢迎游客，而比起中间沙漠地区来，这里的人口更多，景色也更多样。这里的游客大都以自助游为主，他们要么骑摩托，要么开汽车，或者包车，游客之间的关系很好，对当地人也更尊重，当地人对他们也更友善。

我在骑车时，只要对面来了汽车或者摩托车，一般我们都会互相打招呼，露出笑容，有的人还会对我竖起大拇指。可以说，蒙古国最佳的旅行地在最西部。

离开日本人没走多远，还没有进入那道山缝，突然间从对面又来了一辆越野车。越野车在我面前停下，从上面跳下一个手舞足蹈的俄罗斯小伙子。小伙子说英语不够利索，经常忘词，所以边说边把脑袋伸进车里，用俄语向同伴询问英文。

通过他兴奋的表情和颠三倒四的话，我终于明白，他告诉我，前面有几个骑自行车的人，这几个人和我方向相反，也在对面爬山。我们有可能今天就碰到。

"祝你们好运！"俄罗斯小伙子快乐地说，他如同跳舞一样蹦进了越野车，一踩油门走了。

我继续艰难地骑行，又过了半个多小时，终于骑进了那条山缝。只有进了缝，才知道接下来我要面对的是什么样的道路：所谓山缝，实际上是一个峡谷，这条峡谷还非常陡峭，不讲道理地向上攀升，直到山口的最高点。当天下午，我的任务就是爬山。许多路段陡峭到无法骑行，只能推着走。

在半路上，一辆汽车超过了我，但在前面突然抛锚了。当我慢吞吞地把它追上时，司机递给我一罐打开的啤酒让我喝了几口。他还在修车，告诉我，这里距离山口还有一半的路。如果往坏处想，才一半；可往好处想，已经一半了。

继续向上骑行时，那辆修好的车拉着重重的呼噜声又超过了我。几辆从山上下来的汽车显得非常轻松，司机们纷纷朝我打招呼，可我已经累得没有力气睬他们了。

我已经看到了山口的位置。就在这时，一个司机在开过我身边的时候示意我回头。我回头，发现巨大的乌布苏湖正在一个夹缝里向我显出身影。那是一种别样的蔚蓝色，如同大海一样广阔。

"乌兰达坂（Ulaan Davaa）！"另一个司机则告诉我，这是这个山口的名字，"你已经上到乌兰达坂了，good job！"

在山口，几个欧洲人正在巨大的敖包处合影，他们看见我呆住了，我的表情一定也和他们一样：在他们的身边，放着三辆自行车。这是我在蒙古国第一次遇到除我之外的骑行者，这也可能是他们有生以来第一次碰到来自中国的骑行者。

我告诉欧洲人，一个俄罗斯小伙子已经告诉我会碰到他们，我只是奇怪，我们双方都在爬坡，最后竟然恰好在山顶遇到了。他们来自德国，德国人也许是世界上最喜欢旅行的民族，不管你到世界上的哪个角落，总能找到一群德国人。

"前面还有一个小坡,然后,你就可以到乌瑞格(Uureg)湖了。"德国人告诉我。

乌瑞格湖是乌布苏最美丽的湖,它恰好处于一个山间的小盆地里,盆地四周是一圈3000米的山峰,把蓝色的小湖围在当中,如同一块蓝宝石嵌在一片碧绿之上。更难得的是,它就在道路的旁边,如果要去往乌列盖,一定会看到这个湖。

我告别了德国人,继续向前骑去。在一片平缓起伏的山间坝子里骑了一会儿,开始爬另一个所谓的小坡,同样十分陡峭,我甚至很难把自行车推上去。当上到顶之后,哈儿黑拉和图鲁根雪山的雄伟身姿又出现在我的面前。在雪山之下有几个蒙古包,蒙古包外停着马匹和汽车。这幅图景很好地诠释了蒙古人上千年的生活。

但我这一天并没有骑到乌瑞格湖边,而是在到达湖之前,在一块山顶平地上扎了帐篷,我担心湖面上容易形成乌云和降雨,在高海拔地区如果遭遇了闪电,危险性会更大。但天气证明我似乎多虑了,当晚和第二天都是大晴天,湖区也不例外。

7月28日,早晨我骑行了不到一个小时,顺着一段陡峭的乱石路迅速下降,就看到了镶嵌在山谷中乌瑞格湖那蓝色的身影了,它的确像放在高山巨碗中的一块天然蓝宝石,在风起云涌的山谷间显得那么特殊和妩媚。

在湖泊所在的盆地里,有一座卵圆形的小山,小山的顶部有敖包,在山前的四个方向竖着四块鹿石。这里曾经是游牧民族的草场,在两千多年前就有人生活了。小山就在湖边,鹿石映衬着湖水显得异常神圣。

顺着路走下去,就到了一条小河,这条河从南方的雪山流下,即将汇入那蓝色的湖泊,河水清澈。在这儿,我把几个水瓶灌满,在到乌列盖之前都不用补充饮用水了。河边有两个当地人的帐篷,孩子在帐篷边玩耍,马匹在悠闲地吃草,这让我想起两千年前的人们也是这样在这里生活的。

继续向前,路向着另一个山谷延伸,湖水的四周都是高山,我进入盆地时是从东面的高山谷地里下来,出去时,会从东南方向的谷地中爬上去,这里还有一个比昨天的山口更陡峭的达坂等着我。

还没有上山时,我突然有了意外的发现。在蒙古国骑行了这么长时间,我还从来没有见到过被古代的旅行家们屡屡提及的古代游牧民族的墓葬。据他们记载,蒙古草原的山中遍布着这样的积石墓，墓葬上堆满了大大小小的石头，墓葬的四周竖着直立的鹿石。古代旅行家们以为这是蒙古人留下的，但其实他们是更早的斯基泰人的遗物，时间在大约公元前1000年到公元前100年。

最初发现墓葬时，我看到的只是一片路边的乱石堆，但有两个信号提醒了我：一是，石堆的四个方位有直立的石头；第二，石堆的周围有个巨大的石环。另外，这些石堆是在山谷之中，并非在山顶或者山口附近，如果在那个位置，我还会以为是人们摆放的敖包。

我连忙跳下自行车，登上了石堆。这时才能看清墓葬的结构。第一个也是最大的一个墓葬，中心是一个巨大的石堆，虽然目前残存的高度不到两米，但石堆的直径却有十几米，中间部分向下凹陷，似乎有人盗掘过，但石堆的规模很大，发掘并不容易。石堆是由人工开凿的石头垒成的，每个石头大约重几十公斤到上百公斤。由于年代久远，石堆上布满了青苔，石头之间长着野草。

更令人感兴趣的是墓葬的附属结构，在石堆的外面，有一个直径近百米的巨大圆环，也是用石头摆出来的，如同一个围墙把石堆和外界隔开。在圆环和石堆之间，还有几条放射状的直线，也是石头的。整个墓葬的形状，就像是一个巨大的车轮，石堆就是车轴，外面的圆环是车轮，而放射状的直线就是车轮的辐条。

在圆环之外，东西南北四个方向立着四块鹿石，鹿石上的花纹都已经不存在了。在外圈还有一些用石头垒出小圆环，每个圆环大约只用十几块石头，直径不过三四十厘米，这里或许也立起过小型的石头，或者摆放过其他的东西。

据说，整个蒙古草原上，以及中国的新疆北部、俄罗斯大草原一直到黑海岸边的克里米亚半岛附近，都布满了这样的墓葬。俄罗斯人曾经挖掘过不少墓葬，他们把墓葬上的石头移走之后，下面就是游牧民族的墓穴，有的是竖井墓，有的还是多人墓葬。随葬品除了皮革、骨头制品之外，还有一些金银器，表明这些游牧民族已经进入了文明时代。

我数了一下第一个墓葬的辐条数，出人意料的是一共有7根辐条。我以为会是双数，比如4根或者8根，又仔细地查了一遍，还是7根。

在墓顶上，我突然发现，在向湖的方向，也就是路对面的草原上，距离我站立的位置大约 300 米之外，有三块并排立着的石头显得很特殊。我从墓上下来，向着那几块石头走去。走到近处，我突然"啊"地一声叫了出来：那是三个草原石人，也就是两千多年前古人雕刻的人像。

我没有想到，这些穿越岁月的遗物竟然会毫无保护地放在野外，任由来往的人们观看，没有做任何防护措施。

这三座石人有两座已经看不出人形，它们的头被砍掉了，其中一个能看出衣服样式，另一个只剩下一点衣服的痕迹。但还有一座保持着清晰的面目，它留着胡子，眉毛浓重，鼻子硕大，带着沉思的表情，乍看上去像是秦始皇的兵马俑。只是这个石人只有兵马俑高度的三分之一左右，雕刻线条也简单得多。

在三座石人的后方，各有一个正方形的小型遗迹，似乎曾经是个小石匣，现在已经塌掉了。

离开这三座石人后，顺着路向前走，发现这一片遗址还有其他的墓葬和石人。距离大墓不远处，在道路的同一侧，还有另外两个石人，都保留着部分面容，它们的衣服也更加完整，扎着腰带，留着 V 领，手中拿着一把剑一样的东西。

在更前方，是另一座较大规模的墓葬，这座墓葬也带着典型的墓圈，墓圈上有四根辐条，比起前一座墓少了三根，规模也相应地小了一些。在墓的周围还有一些小型的墓葬，以及孤零零的鹿石。除了这两座带辐条的墓之外，还有几座带圆形墓圈、但是没有辐条的墓葬，剩下的连墓圈也没有了。

在这个墓群的尽头，还有一座奇怪的墓葬，别的墓圈都是圆形的，而这座高达两米的墓葬周围围着的却是一个正方形结构，正方形的四个角非常明显。到底这是一个围墙，还是一个房子，抑或只是个特殊的墓圈，已经很难判定。实际上，其他墓葬的墓圈到底是什么，在刚刚修好时是个围墙，还是如同现在这样只是一个和地面平齐的痕迹？这些都无法知晓。

继续上路后，我还在猜测着这里的史前文明。在古代，曾经有一个强大的游牧部落生活在湖边的盆地里。这是一块多么美好的草场啊，近在咫尺的淡水湖和丰美的草地，加上闭塞的环境让它易守难攻，让这个部落享受着繁荣与和平。马儿和牛儿在湖边自由地漫步，就像我刚才经过的帐篷里的那些孩子一样，古代的孩子们也一定在帐篷里玩耍着，吃着牛肉，喝着马奶。

部落的王死后，人们开始给他修建陵墓，他们挖好墓穴，将他埋葬后，再用大量的石头覆盖，希望这样能保证他不受打扰，得到安宁。由于这个王统治时期是部落最强盛的时代，他成了这个部落的偶像，后来的王们只能建造较小型的墓葬，不能超过最伟大的王。

到了后来，部落终于衰落了，墓葬也消失了。也许这个山谷被其他的游牧部落并吞，这里不再是一个文明的中心，它的石头大墓却保留到了现在，让现代人为古代的成就感到惊叹，也为石头纪念碑的持久感慨万分。

离开乌瑞格湖盆时，上山的道路已经彻底无法骑行，这是一段陡峭的山谷，比起前一天遇到的更加可怕。就在我奋力向上推的时候，突然看见从山上下来一个人，他骑的好像是自行车，可离得远了我又不敢确认。直到他到了跟前，我才看清，果然是自行车，不过这个自行车有三个轮，为了携带更多的东西，车主人又在车的后部加了一截，多挂了一个轮子。这样的车载重量更大，但骑的时候也更加费力。不过他现在是下山，看上去轻松和得意扬扬，而我却汗流浃背，每小时移动不足一公里。

我们互相打了招呼。他是美国人，半年前从葡萄牙骑车出发，穿越了法国、意大利、中欧的一些国家，进入乌克兰，再进入俄罗斯，最后到达蒙古国。他接下来会进入中国，从中国再进入越南，越南就是他欧亚大陆穿越的终点。我们交换了信息，他想了解从这里到乌兰巴托的路况，并记下了几个我经过的地名。而我只想了解这个山口还有多大，要多长时间才能过去。

"这个山口非常陡峭，你今天一下午都会在这个山口折腾。"他不好意思地告诉我。他从乌列盖过来花了两天多，我可能也需要花这么长时间才能到达西部的省会乌列盖。

分手前，我告诉他，他继续向前走，就可以看到游牧民族的积石墓和草原石人，等翻出湖盆时还可以看到雪山。他听了似乎无动于衷，告诉我："你往前走，可以看到好几座雪山，而在山顶，当地人告诉我有一座两千多年前的女王墓。"

"女王墓？"我特意问道。

"是女王墓。当地人说的，就在山顶上，很容易看到。"

这个女王墓就成了我继续爬山的最大动力，我好奇什么样的墓葬会放在山顶，那到底是什么样子的。

美国人说得没错，事后结论，这是我蒙古国之行最难爬的一座山。虽然山的相对高差并不算大，但由于过于陡峭，我足足用了半天才将最陡的路段踩在了脚下。过了最陡的路段，还有一段长长的路沿着山梁缓缓上升。在这儿可以看见美国人所说的几座雪山，这些雪山已经在蒙古国和俄罗斯的边界上，在阳光的照射下烟云缭绕。在山谷里，几座蒙古人的帐篷如同纽扣一般嵌在了地面上，显得小巧玲珑，充满了野趣。继续向上缓行，还可以越过眼前的山梁看到乌瑞格湖的蓝色水面，在四面的山峰映衬下，更像是一个巨碗里的半碗水。

过完山梁，终于来到了一个山口部位。在一个巨大的敖包旁，两位蒙古男人在对歌，其中一个蒙古男人还带着个女孩子。在不远处，两个西方人正在默默地听着两个男人的歌曲。在他们的不远处放着三辆摩托车，两辆属于蒙古人，一辆属于西方人。

两个蒙古男人唱完，其中的一个上了摩托车告别离开了。我和剩下的一对蒙古男女及一对欧洲人聊了起来。我们五个人都会英语，却都带着口音。通过交谈，我知道了他们的身份：两个欧洲人是罗马尼亚的建筑师，正在骑摩托车环游世界，去年他们去了非洲，今年在亚洲。两个蒙古人都是老师，就在山下面的一个小镇上教书，我接下来就会路过那个小镇。

"刚才那个男人是我小时候的朋友，可我们已经很久没有见过了，今天相约到这里来聊聊天，刚才的歌就是歌唱友谊的。"蒙古男人告诉我们。

罗马尼亚夫妇也很健谈，他们做了不少功课才到蒙古来，女孩子一直向蒙古男人请教蒙古语词汇，她还看过有关蒙古人最著名的电影《蒙古王》，也就是描写成吉思汗早年历史的电影。我突然想起来，刚才两个蒙古人对歌的情景很像是古代的场景，当年结为安答的兄弟们一定也是这样唱歌的。

在我向罗马尼亚人介绍中国情况时，眼睛却突然瞥见那座石头的敖包。在蒙古国的各个山顶或者山口，大都会有这样的敖包，这一座看上去虽然规模宏大，却也并没有特殊之处。

但我却突然发现这个敖包的周围有一个浅浅的石圈！看来美国人说的是真的。

"这真的是一个墓？"我问蒙古男人。

他点了点头，"是的，这是一个女王的墓。考古学家发掘了它，发现里面埋葬着一个女人。她的历史有两千多年。"

"可是她怎么会在山顶上？"我仍然不放心地问，如果是墓葬，应该是在山谷之中啊。

"就在山顶上。"他用手指着前面的山谷，"这里位置不错，是吗？也许女王就愿意守卫在最高的地方，世世代代保护着她的人民。"

从他手指的方向向下望去，是一条新的山谷，这条山谷一直向南，甚至我能看见远方平原的痕迹。蒙古人说得没错，这座墓守卫着这座山谷已经几千年了，它是这里的守护神。

我爬上墓顶，才发现考古学家在发掘时，已经把上面的石头都移了位置，移到了旁边，而在墓葬的原址只有一个小小的圆圈作为标记。在墓葬四周也有几条轮辐结构，如同我在湖边遇到的那样。

这个墓葬的女人到底是谁？真的是一个女王，还是一个女巫？但不管怎样，把她埋葬在高高的山岗，一定有守候家乡之意。

只是经过几千年的变迁，她的族人早已不知了去向，只剩下这座墓葬冷眼观望着世事的变迁，陪伴着来来回回的军队、商人和牧民，直到现在她被发掘。但她永远不会告诉你，这么多年来这座山谷到底发生了多少事情。

"从这里一直到阿奇特湖（Achit Nuur），都不会再有上坡了。现在，你可以享受一下旅程了。"罗马尼亚人告诉我。

离开他们之后，顺着山谷向下骑行，山谷中越来越多的石堆墓出现在右侧的草地上。这些石堆墓有的带着石圈，有的没有石圈，它们大小不一，分布广泛，看得出这座山谷曾经是一个大部落的聚居地。但所有的墓葬都没有轮辐结构，这或许说明，这些墓葬主人的级别都不如山口上那个女人。或许她真的是一个女王，两千年前的女王。我忍不住回头望了一眼来时的路，白云深处已经看不见那座山，更看不见女王墓的身影了。

第八章

阿尔泰冰峰

蒙古人四处碰壁：越南、印度、缅甸、泰国、日本、朝鲜、埃及、俄罗斯——蒙古人的衰落期——四大汗国的解体——马可·波罗和鄂多立克——阿奇特湖和科布多河——河畔巨大的坟墓群——省会城市乌列盖——陶乐包湖边的雪峰——俺答汗会见三世达赖——蒙古人第二次皈依藏传佛教——彩虹之门

离开女王墓，进入山谷，风景也突然变化。一天早上我在高山湖泊边骑行，翻了一座最难爬的山，看到了大量的史前墓葬，而傍晚时又回到了低海拔地带，开始在平坦宽阔的谷地骑行了。一天之内经历了众多的地形变换，让我有一种在梦中的感觉。

一位牧民骑着马和我并行了半个小时，他的马比我的自行车快，不过由于是下坡，我的自行车也慢不了多少。我拒绝了用自行车换马骑的提议，为了赶路尽快离开了。

过了一个产煤的小镇之后，我看见远方几十公里外平地上的另一个湖——阿奇特湖。虽然说这里海拔较低，可阿奇特湖的周围还是有四处雪山，除了已经移到东北方向的哈儿黑拉和布鲁根山之外，在东南方、西北方和西方还有三处雪山，西面的两处雪山都已经在与俄罗斯接壤的边境上了。

到达阿奇特湖边时，天正好进入黄昏，于是我在满是石头的湖滩上扎了营，这

里的蚊子不少，我来不及欣赏美丽的风景，尽快进了帐篷。我的骑行还有几天就结束了，心中带着一丝怅然。对于蒙古人的回忆也进入尾声。

即便蒙古人的扩张如此猛烈，但随着亚欧大陆的大部分被他们占领，他们膨胀的速度也降了下来。现在，全世界似乎联合起来对付蒙古人，在所有的国家，能够击败蒙古人都被看成是英勇的象征。

蒙古人在东南亚遭遇了数次惨败。他们试图入侵越南南部的占婆，但海上的入侵行动被占婆人坚壁清野拖住了。他们又试图借道越南北部的陈朝领地进攻占婆，但陈朝知道唇亡齿寒和假道灭虢的道理，越南陈朝最著名的将领陈兴道两次击败了蒙古人，陈兴道也成了越南人最尊崇的武圣。

蒙古入侵过缅甸和泰国，但都无法在那儿建立长久的统治，只得撤回。蒙古人进攻爪哇也没有成功。

在东亚，蒙古人也遭到了失败，忽必烈两次进攻日本都以失败告终，朝鲜虽然被暂时征服，但其反叛力量始终没有被消除。

蒙古人曾经有机会征服印度，在成吉思汗第一次西征时，就曾进入当时属于印度的巴基斯坦境内。但由于西部的蒙古人一直处于严重的内争之中，察合台汗国和波斯汗国之间长期敌对，察合台汗国还和忽必烈打仗，使得他们腾不出精力来对付这个广阔的次大陆。到后来，蒙古人终于有时间对付印度的时候，印度已经进入了繁荣期，一个伟大的国王阿拉－乌德－丁毫不留情地把蒙古人击败，把蒙古士兵的头颅割下来垒起了金字塔。阿拉－乌德－丁也成了印度人的英雄。

在西方，埃及的马穆鲁克王朝的苏丹成为穆斯林的英雄，他们战胜了蒙古人，遏制了蒙古人的扩张，埃及从此成为伊斯兰教的中心。

在俄罗斯，蒙古人始终无法接近波罗的海，他们停留在距离诺夫哥罗德数百公里的地方，俄罗斯的王公们逐渐恢复了生机，积攒着实力，他们虽然臣服于蒙古人，但又保持着独立性，迟早会将蒙古人踩在脚下。

当各个汗国逐渐被优越的生活所腐蚀的时候，蒙古帝国的衰亡期到来了。

公元 1368 年 9 月，朱元璋的军队攻陷了元大都，元顺帝率军撤往关外的上都，之后继续逃窜，撤回了蒙古人的故地，在那儿建立起残余的北元政权。但北元所控制的人口只有百万人而已，与动辄上亿的元帝国无法比拟。元朝的大汗国，这个蒙古汗王之首，建立不过百年（从忽必烈算起）就在风雨飘摇中倒台。

在元朝倒下的 11 年前，蒙古草原上的另一个巨大汗国——波斯汗国早已经倒下了。与元朝相比，波斯汗国在 101 年间换了 16 位汗王，可见其内部斗争的激烈和不稳定。当旭烈兀打下江山之后，历任波斯汗王都眼睁睁看着埃及人在跟前挑衅，却无法将其征服。

准确地说，在 1335 年，波斯汗国就已经解体了，许多个地方政权崛起，将旭烈兀的后代们变成了傀儡，最后的汗王甚至已经没有了记载，只能从发现的古钱上辨认。

察合台汗国存在的时间更久，这个汗国本有可能征服印度，但它的汗王们却更热衷于与北面的窝阔台汗国、西面的波斯汗国打仗，甚至与金帐汗国、元朝发生冲突。结果印度还在那儿，察合台汗国却分裂了。它曾经兼有中亚的河中地区和新疆，但随后，汗国分裂成了两部分，西面的河中地区突厥化了，他们自称突厥人，而东面的新疆地区仍然自称察合台人。接着，成吉思汗之后最伟大的"屠夫"——突厥人帖木儿在河中的兴起，彻底抹掉了西部的记忆，帖木儿还扫净了波斯汗国的残余，再次将中亚统一起来。

帖木儿之后，一个从血缘上是帖木儿（父系）和成吉思汗（母系）双重后代的人——巴布尔——终于挥兵印度，将这颗璀璨的明珠收入囊中，建立了伟大的莫卧儿帝国。莫卧儿帝国直到英国人进入印度才逐渐消亡，对印度影响深远，可以算是蒙古人难得的遗珠。

察合台的东部汗国存在到 1570 年，被同属于察合台世系的叶尔羌汗国所灭。不过，蒙古人仍然是新疆的主宰，直到他们被清朝的军队击败。

金帐汗国存在了 200 多年。俄罗斯的王公们先是服从于蒙古人，再逐渐积攒力量，到了伊凡雷帝时代终于击败了蒙古人。金帐汗国分裂成了喀山、阿斯特拉罕、克里米亚几个汗国，这些汗国有的存在到 18 世纪晚期才被俄国人并吞。

到了后来，除了本部之外，人们已经很难定义什么是蒙古人了。由于蒙古人口稀少，许多地方除了王室之外都不是蒙古人，经过通婚和混血，即便王室，也只有极稀少的蒙古族血统了。可没有人能够否认,蒙古人的确塑造了整个亚洲的新面貌,直到现在我们还生活在它们的遗产之中。

在蒙古人时期来到东方的西方人中,除了前面提到的使节们之外,还有两个人显得更加特殊。如果说使节们代表了一种经院学术的传统,他们的游记和经历最多只在教会和王室内部流传,那么马可·波罗和鄂多立克的游记则代表了一种夸张的俗文学,这种夸张却吸引了更多人的注意,使得西方对东方充满了向往。

马可·波罗的故事过于知名,而我更欣赏的是鄂多立克。他也是方济各会的修士,但与其他来访的教会人士不同,这位修士更乐于把道听途说的消息都变成故事讲出来,也更像个商人那样关注日常生活和商品价格。他的文字更有马可·波罗的狂放恣肆,而少有鲁不鲁乞的严谨和自持。

马可·波罗从陆路到北京,再从海路离开,而鄂多立克正好相反,他从海路进入广州,再到达北京,然后从陆路回到欧洲。

他描写广州:"该城有数量极其庞大的船舶,以致有人视为不足信。确实,整个意大利都没有这一个城的船只多。而在这里,你用不着花上一个银币就能买到三百磅的鲜姜;鹅比世上任何地方的都要大,要好,要便宜。"

他描写泉州:"你用不着花到半个银币便能买三磅八盎司的糖……我在那里访问的一所寺院有三千和尚和一万二千尊偶像。"

他描写福州:"这里看得见世上最大的公鸡。也有白如雪的母鸡,无羽,身上仅有像羊那样的毛。"

他描写杭州:"它是全世界最大的城市,确实大到我简直不敢谈它,若不是我在威尼斯遇见很多曾到过那里的人。他四周足有百英里,其中无寸地不住满人……城开十二座大门,而从每座门,城镇都伸延八英里左右远,每个都较威尼斯或帕都亚为大。所以你可在其中一个郊区一直旅行六七天,而看来仅走了很少一段路。"

金陵府在他的笔下:"城中有三百六十座石桥,比全世界上的都要好。"

他和马可·波罗对于东方富庶的描写,成为西方人不断探索世界的动力之一,加上他们的书流传甚广,使得西方人至今还保留着对于东方浪漫的好奇心。

7月29日，从阿奇特湖边醒来，我继续沿东岸前行。

阿奇特湖在南部的尾巴上形成一道沙梁，东西湖岸缩小成一条河沟的宽度，人们在那儿架了一座桥，这是观察湖面的最佳地点。在那儿，天上的云团、远方的雪山和近处碧蓝色的湖水，以及水中的水鸟构成了一幅最美的图画。我站在桥上久久不愿离开，欣赏着这里的美景。不知蒙古人匆匆向西方进军时，是否注意过这里美丽的自然。

过桥向西离开阿奇特湖，就进入了一团乱麻般纠结的道路。在到乌列盖之前，大部分路段都是上坡和顶风，非常消耗体力，也浪费了大量的时间。

当天还会经过一个巨大的峡谷，峡谷里是汹涌的科布多河。这条河流经西部两个省，由于周围全都是雪山，河的水量非常丰沛，在河的两侧形成了大片的树林和草甸，把这里装点得不像是蒙古草原，反而像是新疆南部的绿洲。

在河谷东侧，耸立着一个巨大的敖包，带着石圈，很可能也是一座远古的坟墓。更多的坟墓出现在峡谷的出口处。在那儿，峡谷渐渐变成了开阔的平地，古人把这里当作天然的坟场，大大小小的石头墓分布在道路两侧。许多墓因为修路时被破坏已经不完整了，但更多的墓还保持着原来的形状，中间是个巨大的石堆，外侧围着一个不大的小圆环。可以想见，两千多年以前的游牧民族见到这个绿色的河谷时有多么兴奋，这条河谷不仅植物众多，旁边的山上就有着丰富的石材资源。斯基泰人、匈奴人、突厥人、乃蛮人、吉尔吉斯人、蒙古人相继来过这里，他们在这里生存、繁衍、死亡，但最后除了坟墓，什么痕迹都没有留下。

这一天，我原本以为可以骑到乌列盖，但太阳已经落山时，我距离乌列盖还有十几公里，只好在一座山前扎了营。

那天晚上，我在帐篷里吃了最后一盒罐头、最后一截火腿、最后一块月饼、最后一点面包，把最后一瓶水喝下去，第二天上路的时候，我的驮包里已经翻不出一点食物和水了。我必须到了乌列盖，才能补充这一切。这是我第一次把后备粮完全消耗干净，也算是旅行中的惊险。

7月30日清早，在穿越了一座小小的山口后，那座期待中的城市——乌列盖——出现在山口背后。它在一片谷地中灿烂的阳光下闪闪发亮，科布多河穿城而过，留下一条漂亮的光带仿佛点缀着无数的宝石。

就在我收起相机的一刹那，城市上空出现了一架巨大的飞机。原来从乌兰巴托来的航班到了，由于机场在城市的西部，从东方来的飞机要经过城市上空，我连忙去拿相机，但已经晚了。我错过了这个古代和现代交汇的时刻。是啊，如果缺乏了这个现代科技的背景，谁又能说下面的小镇不属于几百年前呢？

在乌列盖，最大的任务是购买吃的和水。但由于进城过早，所有商店都还没有开门，我在城市里一圈一圈地骑着自行车。这座西部小城只需要十分钟就可以从南头骑到北头，但规模在几个西部的省会城市中已经算大的了。由于靠近俄罗斯边境，城市里的商店更多，也显得更加繁荣。

我在城市里闲逛到十点钟，才碰到了第一家开门的超市。很快我已经瘪下去的驮包又变得鼓鼓囊囊：七千克的水、十个鱼罐头、月饼、面包、巧克力、果酱、啤酒，我遗憾地发现，一路上最喜欢吃的火腿已经找不到了，西部人们的饮食习惯与东部已经有了差异。我只能多买几盒鱼罐头。

等我从城里出来，天空已经开始布云。我坐在路边吃下了两盒鱼罐头，开了一瓶啤酒喝完，带着眩晕感开始了旅程。此刻我已经不再向西，而是改为向东南方向骑行了，我要赶到此行的最后一个目的地，那座叫作科布多的城市。科布多也是中国人曾经驻扎、生活过的城市。科布多距离乌列盖200多公里，中间隔着一条高耸的山脉，我要翻过一处山口，山口的四周是四座超过或者接近4000米的雪峰。

在到山口之前，我碰到一个叫作陶乐包（Tolbo）的湖，在湖的边上，恩琴男爵曾经和布尔什维克打过仗，恩琴男爵战败，也注定了他的悲惨下场。

我已经骑了2000公里，前面只有200公里等待着我。由于接近旅行的终点，我骑行的速度并不快，甚至故意放慢了——在前方出现了大片的雨云，闪电在白昼也如同植物复杂的根系一般伸向地面。根据估算，这些闪电都在十几公里之外，我打算骑慢一些，希望到达的时候雨能散去。

直到傍晚时分，我才到达陶乐包湖边。这个湖在一个平坦的坝子里，整个坝子有数十千米的长度，坝子四周是一圈带雪的山峰。阿尔泰山系是阻挡在蒙古国西部和新疆之间的巨大山脉,也是游牧民族进入中亚必须突破的屏障。这里距离中蒙边界只有几十公里,而我却必须绕到 400 多公里外过境。

我在陶乐包湖边扎了营,由于刚下过雨不久,湖边的地面还有些湿,从不远处一座山峰飘来的旗云似乎在提醒我,也许不久就会再下雨。但夕阳下陶乐包湖的景色却如此美丽,在雪山的映衬下,几只水鸟悠闲地浮在水中,湖边连绵的山峰起伏不定,带着蒙古高原特有的韵律。我享受这些景色的时间已经不多了,恋恋不舍,不想进入帐篷里。于是直到太阳落下,天气变凉,才进了帐篷。

元朝灭亡后,忽必烈大力引进的佛教也走到了头,回到本部的蒙古人逐渐忘记了藏传佛教,就像忘记了八思巴文字一样。如果历史按照这个节奏发展,那么蒙古仍然会是一个以萨满教为主的民族,那样,到了 20 世纪,俄罗斯人将会更加容易将蒙古人的信仰同化。

7 月 31 日,在蒙古国骑行的倒数第二天,从陶乐包湖边出发后,我向着离开湖面的方向骑去。在湖的南面有一个小镇也叫陶乐包,小镇之前的山脚下,数十个蘑菇般的蒙古包漂浮在云雾之中,带着梦幻般的色彩。

去往科布多的道路并没有经过小镇,而是擦过它的东面进了山,向那个四座雪山围绕的山口延伸。一座不大的石圈墓守候在从平地进入山道的入口附近,继续向前,就看到了第一座雪山。这座雪山的峰顶距离道路不到十公里,那白色的雪顶仿佛近在眼前。

在雪山边上,两位摩托车骑士突然从山路上下来,我往科布多去,他们从科布多来。这两个俄罗斯人从莫斯科出发,已经骑了一个月,经过西伯利亚到达蒙古国的乌兰巴托,再从乌兰巴托到科布多,回到俄罗斯。他们的摩托车如同小牛一般壮实,如果摩托车倒地,以我的力量根本无法扶起来。摩托车上挂满了在路上的用品,从备胎到汽油、水、衣服、帐篷、食品等。

两个俄罗斯人从车上下来,朝我冲过来,一个人搂住我的肩膀,另一个人熟练地拿出相机,跑到十米开外,全身趴在地上给我们照相。看来,他们已经非常熟悉趴在地上才能找到最好的角度。

他们问我到乌列盖还有多远，我告诉他们今天肯定能到。

"那么，到陶乐包湖呢？"

到陶乐包湖只有十几公里而已。我随口加了一句："那是个挺大的，也挺漂亮的湖。"

"大吗？你也许应该去看一下贝加尔湖，那才叫大。欢迎你去俄罗斯旅行。"俄罗斯人笑着说。

俄罗斯青年上车离开后，我继续向着山口爬去。大约又花了一个小时，才登到顶端。不过，山口之后并没有剧烈的下坡，而是在一个小平原里骑行。小平原的东北方向是一片雪原，几条醒目的冰舌从 4200 米的山峰上拖下来。小平原上有几座帐篷，这里是当地人的夏季牧场。几个哈萨克人在路的中央放了一只鹰，鹰的脚上绑着锁链，他们示意我下来拍照，但我拒绝了。我更喜欢看见在路上那些自由自在的鹰。

但游牧民族对于驯鹰却异常热衷，鲁不鲁乞曾经记载，蒙哥汗在接见他们的时候，手里总是习惯于摆弄着一只鹰。

小平原的中部有一个不大的小湖，需要下车蹚水过去。遇到这样的地方，我总是把鞋子脱掉，拿在手中，推着车过去。过了河，擦干脚，把脚底的沙子全部抹去，再穿上鞋。这来自我徒步时养成的习惯，徒步时，如果脚底板上沾了哪怕一个沙粒，经过长时间的行走，都可能磨出巨大的水泡。

过了小湖，又骑行了几公里，我才到了小平原的尽头，过了一个小小的山口，就遇到了一路的下坡。在平常，下山的路总是曲折蜿蜒，会绕着山慢慢地下去，可这条路却是笔直地沿着一条宽阔的山谷向南前行，就像是老天爷用尺子画出来的。我在十几公里内不用蹬一下自行车，在短短的 20 分钟内就冲了下去。下坡时我不停地检查着自己的行李，希望不要掉下任何东西。下坡时如果掉了东西，将会是很痛苦的经历，发现时往往已经跑出去很远，要想上坡回去寻找要耗费巨大的体力和时间成本。

十几公里后，道路折向了东方，我沿着一条河流冲出的山谷前行。又过了 20 公里，狭窄的山谷已经变成了宽阔平坦的河谷平原，我已经彻底翻过了雪山，与科布多处于同一个巨大的盆地之中了。古老的墓葬再次出现在道路两侧，带着巨大的石圈。天空下起了小雨，偶尔会有闪电。

我在雨中继续骑行，希望尽快离开雨区。但这次的雨区却不像以前一样有着明显的界限，一路上都下着淅淅沥沥的小雨，既不停止，也不加大。

但雨虽未停，阳光却突然照了过来。太阳的角度已经不足 30 度，在遥远的天边也露出了蔚蓝的天空。虽然我的头顶还有灰色的云层，但阳光斜照过来，将微微细雨的空气染上了一层淡淡的金黄色。

我发现在前方不远处，半截浅浅的彩虹出现了，接着彩虹越来越明显，从小半截变成了多半截，又变成了一整条彩虹，如同一个巨大的七彩拱门。

由于我正向东骑行，西边的阳光从我的背后照过来，彩虹恰好出现在我的正前方，那巨大的拱横跨道路两侧，从视觉上来看，彩虹距离我只有两三公里，就好像我只需再沿着路骑两三公里，就能进入拱门里面去。

但实际上不管我怎么骑，拱门还是距离我两三公里。接着，在这道拱门上方，另一道彩虹也出现了，这双彩虹结构如同是腾格里给我的赏赐，让我唏嘘不已。而此刻天上还在下着小雨，我还打算等雨停了再拿出相机来拍照。

但雨一直没停，我向着这巨大的彩虹门骑行了一个多小时，也没有进去。我多么希望这样的美景能够永存。但最后，它逐渐变淡，上面的那条彩虹消失了，下面的也逐渐暗去。

当这天结束时，我又意识到，第二天我就会到达科布多，我的骑行就要结束了。在跨越了 2000 多公里之后，蒙古国已经注定要离我而去。

那天，我在平原的乱石滩上扎营，望着远处的雨云、山脉和草原，恋恋不舍地望着、回味着，却不知从何处开始，也不知何时遗忘……

第九章

最后的旅程

科布多：最后的旅程——蒙古人解救被困司机——城市废墟——市政厅前的噶尔丹塑像——卫拉特蒙古人的崛起——布彦特河边的野餐——卫拉特人的迁徙——前往布鲁根——横相乙儿：蒙古大汗贵由的死亡地——蒙古国最大的国际科考队——和蔼的房东太太——日本人Takuya——四卫拉特的叠兴——准噶尔人崛起——噶尔丹的英雄悲歌——一位准噶尔老人——布鲁根的悠闲生活——准噶尔人是怎么帮助清廷取得外蒙古和西藏的——告别蒙古国

在进入蒙古国之前，我就把西部的城市科布多设为终点。

这里是清朝灭亡后，蒙古军队最后攻克的地方，也曾经是清朝政府设立的军事重镇，最多时曾经驻扎过几千名士兵。

8月1日，我骑行的最后一天。清晨，天气晴朗，也许老天爷腾格里眷顾我这个漂泊的流浪者，给了我一天的好天气，这一天没有出现乌云，更没有下雨。但这一天的路却并不顺畅，一直是浓厚的沙地，车轮在沙子里先是打滑，接着就骑不动了。

出发没多久，前面一条小河拦住了去路，小河的水已经没过了膝盖，在水中行走时会东歪西倒。在我这一侧停着一辆小汽车，汽车的底盘很低，大概过不去，停在了那儿，司机不知道去了哪儿。

我推着车刚刚过了河，晾干了脚穿上鞋准备出发时，突然身后传来了喊声，是那辆车的司机。我只好又脱下鞋蹚过河去见他。

他告诉我，他的车陷进了河边的沙子里出不来了。我这才发现，原来他不是因为过不去河而停车，而是在过河之前，车就在沙窝里趴下了。

司机是个欧洲人，他示意我在车前向后推车，他进入车里打开发动机倒车，好从沙坑里出来。但我们试了几次，这辆车纹丝不动。推车时我特意注意到车头上的文字：蒙古国之旅。看来他暂时旅不了了。

更头疼的是，我们发现这里是一个岔路，不是主路。也就是说，这里很可能一天都不会过一辆车。他显得很无助，我帮不上忙，便蹚水过河，骑自行车离开了。

几公里后，我并入主路。主路上的车也不多，我好不容易拦住一辆，车里坐了五个蒙古人，但都不会英语。我只能比画着告诉他们前方岔路上小河边有辆车陷入了沙子里，需要他们去帮助。读者们可以试一下，在一个词都不会的情况下，要表达这么丰富的意思并不容易。大约花了几分钟时间，车里的人才终于明白了。他们商量了一会儿，费力地告诉我，他们不走那条岔路，而是走主路。

我费力地和他们争执着，告诉他们必须帮忙。

当地人最后终于同意了，但他们要求我必须跟着他们一起回去。在他们的要求下，我钻进了汽车，一个当地人骑着我的自行车在后面跟随。在离开半个多小时后，我又回到了河边。那辆汽车还在。

几个当地人二话不说，从汽车里出来，脱鞋下水，我们走到汽车跟前，喊了句号子，一瞬间就把汽车推出了沙坑。我还没有反应过来的时候，当地人又蹚过了河，回到了汽车上，自豪地朝我挥了挥拳头告辞了。

这就是蒙古人，简单到不需要言语。

再次离开了小河，翻过了几处低矮的山坡。这里乱石林立，在路边的小山上，石头形成了天然的城墙，如同人们垒出来的那样。

在最后一个小山口处，我看到了久违的城市。在下方的平原上，一处小山包漂浮在淡淡的雾气之中，小山的旁边就是河流和环绕的城市——科布多。

当我骑车靠近时，发现科布多古城区那上百年前的城墙依然耸立。

这座驻扎过清军的兵营如今只剩下了一圈残破的泥土城墙。城墙的残高不超过3米，已经变得处处是豁口，有些部位的墙体已经夷平不见了，但整体还能看出是个方形。

城墙里曾经的建筑一概不剩，只是偶尔能看出一点点隆起，那可能是当初的官衙。据说，在城区曾经有一座官衙和七座寺庙，现在都已经不见了踪影。另外还有一些几何形的土垄，那或许是建筑残存的一道墙体，或许是菜地的痕迹，而直线型的凹陷就可能是菜地旁的水渠。

那曾经熙熙攘攘的城门也变成了一片土堆，在这里生活过的士兵们也早已变成了尘土。不管他们有多少喜怒哀乐和思乡之苦，都无法让现代人感到哪怕一丝动容。他们或许在这里有老婆和孩子，他们或许薪水微薄，为了省下一个铜板而费尽心机，他们以为自己的生活就是天底下最重要的事情，到最后却连一抔黄土都不会属于他们。有谁知道戍边的痛苦，又有谁在乎这一切？历史记下的只是几个人的名字，更多的人都归于虚无，没有人在乎他们是否存在过。

城墙里残存的大树或许是当年栽种的，已经存在了一百年以上，当假喇嘛带着他的军队洗劫整个城市，并放火焚毁了这经营了两百年的地方时，只有这些树保留了下来，直到现在仍然在生长。这些树也成就了科布多特殊的风景，在周围的平原上，绿草如茵，却很难见到这么粗壮的树木。

树下，当地人的牛在吃草，孩子们在玩耍，一切显得和平安详，他们对发生在一百年前的战争毫无印象。

整个古城区除了北部的数顶帐篷之外，没有任何持久性的建筑。在北面的城墙外，紧挨着城墙，当地居民建设了一批房屋，低矮、破旧，建造房屋的泥土可能就取自城墙。在城墙的西北角，墙体和棱堡已经不存在了，而在不远处的房屋取土显然来自这里。

在城北方，是巍峨的红羊山，整座山体都是红色的，形状巍峨，让人心生敬畏。蒙古国的城市选址总是在靠近山的地方，这或许也是一种自然崇拜留下的痕迹。

假喇嘛焚毁了城市之后，当地居民在古城的南部又建起了大片建筑，这就是现在的科布多城。在靠近古城的街道上，我发现了一个上百年前的遗物——一个巨大的磨盘石，直径大概有两米左右。由于现在当地以养殖为主业，只有清军时期曾经进行过大规模的屯田，这个石磨盘显然属于清军的遗物，它在被焚毁的古城里、居民的墙边躺了一百年，却再也没有用了。

如今的科布多城属于穆斯林和佛教徒的混住区。这里有哈萨克人，也有卫拉特蒙古人，还有占主流的喀尔喀蒙古人。距离古城不远处是一座带着金顶的清真寺，清真寺不远处的马路对面，有一个不起眼的佛教寺院。从清真寺的巍峨和佛寺的渺小可以看出，如今占据主流的宗教已经变成了伊斯兰教。

科布多的市中心耸立着一座小型的剧院，以及苏式的政府大楼。大楼的前面竖立着两座雕像，我从雕像座上刻的生卒年份中认出了其中的一座：噶尔丹 1644—1697。

在这个地方见到噶尔丹的雕像令人吃惊，这个曾经进攻喀尔喀蒙古的人竟然会在蒙古国受到纪念，这是我没有想到的。后来，我才知道蒙古草原的西部和噶尔丹联系有多紧密，他们不仅容忍他存在，还把他当作英雄纪念。

中午，喝着啤酒逛街的时候，我的意识已经被元朝之后的蒙古人带走了，这次是一个叫作卫拉特的蒙古人集团，它们曾经占据了从蒙古草原到新疆、中亚、青海、西藏的广大地区……

公元 1388 年，朱元璋攻占北京 20 年后，在东北方中蒙交界的贝尔湖（捕鱼儿海）一带，明军和已经退往哈拉和林的蒙古人（北元）展开了决战。这一战北元被决定性地击败，蒙古人的黄金家族世系开始衰落。

在成吉思汗后代们衰落的同时，另一支蒙古人却崛起了。他们就是卫拉特蒙古。卫拉特最早生活在贝加尔湖一带，在成吉思汗统一蒙古之前，他们就是广义蒙古的一支重要力量，那时候他们被称为斡亦剌。由于蒙古人居住在草原，而卫拉特人的地方属于森林，卫拉特就是"林木中人"的意思。

草原上的居民已经开始进入畜牧业时期，而森林中仍然是以打猎为生，生活方式更加落后。在成吉思汗统一蒙古的过程中，卫拉特人并非主角，却先后参与了札木合的大联盟及乃蛮人塔阳汗的联盟，对抗成吉思汗，这两次联盟都遭败绩。

当成吉思汗将塔塔儿、克烈部、乃蛮人一一击败的时候，北方的卫拉特顺应了潮流，承认了成吉思汗的领袖地位，卫拉特人因此成了蒙古人的一支。由于他们配合的态度，成吉思汗和他的子孙们对卫拉特人也格外优待，在蒙古人的各个汗国中，卫拉特人都出了不少皇后和妃子，也出了不少驸马。比如，在早期，卫拉特的首领就娶了成吉思汗的一个女儿和术赤的一个女儿，他的女儿也嫁给了成吉思汗的孙子贵由，当贵由成为第三任大汗的时候，这个女人就成了地位显赫的皇后。

在这个时期，由于扩大领地的需要，卫拉特人也从贝加尔湖岸的森林中走了出来，向西迁移到了蒙古草原的西北及邻近的俄罗斯地方，居住在萨彦岭和唐奴乌梁海一带，那儿有条大河叫叶尼塞河。这里也是重要的交通枢纽地带，在它的北侧是吉尔吉斯人，南侧是曾经的乃蛮故地。蒙古各大汗国扩张的时期，卫拉特人恰好居住在西南的察合台汗国、西方的金帐汗国、元代中国和蒙古本部之间，是各个汗国拉拢的对象，卫拉特人也在各个汗国之中服务着，不时帮助这个攻打那个，又帮助那个对抗这个。

元朝灭亡时，察合台汗国也处于衰落之中，明朝的军队始终不够强大，无法占据关外的广大地域，只能用长城锁链死守中原。这仿佛是老天爷腾格里专门给卫拉特人制造的机会，卫拉特的各个部族趁机向四面扩张，进入了蒙古西部地区，占据了新疆北部和俄罗斯、哈萨克的一部分，变得越发强盛了。

当黄金家族系的蒙古人被明朝击败后，卫拉特人甚至占据了乌里雅苏台到哈拉和林一带的蒙古中部，成了明朝不可小视的力量。这时的蒙古已经分裂成了以卫拉特人为代表的西蒙古和以黄金家族为代表的东蒙古。

为了对付蒙古人，明廷采取了合纵连横的方式。当东蒙古强大的时候，就支持卫拉特人；当卫拉特人强大的时候，就支持东蒙古。但由于东蒙古地理位置上夹在卫拉特和明朝之间，在三者的博弈中逐渐处于下风，地域广大的卫拉特部越战越勇，大有统一之势。

公元 1418 年，一位叫作脱欢的卫拉特人继承了父亲的首领地位，并逐渐统一了卫拉特各部。公元 1434 年，脱欢又战胜并杀死了东蒙古的首领阿鲁台，统一了东西蒙古。这是北元衰亡后，蒙古本部第一次获得了统一，只是权力已经不掌握在成吉思汗的黄金家族手中，而是落入了蒙古人的旁支卫拉特人手中。

不过，由于遵从黄金家族成员才能称大汗的传统，脱欢自己并没有称大汗，他把一个叫作脱脱不花的黄金家族成员扶上了汗位，自己满足于"太师"的职位。

脱欢死后，他的儿子也先继承了太师之位。在也先的南征北战之下，卫拉特蒙古人的势力从朝鲜半岛开始，联合了东北的女真人，横越整个蒙古大陆，包含了新疆北部地区、甘肃省的北半部、内蒙古的长城以北，直达中亚的楚河、塔拉斯河一带。

从地域上看，卫拉特人创造的大帝国已经足以和匈奴人、突厥人、柔然人及早期蒙古帝国相媲美，一个新的游牧帝国正在冉冉升起。

明朝政府知道卫拉特人的强大，为了遏制他们，明朝政府关闭了与卫拉特人的边境贸易。在边关地区，两方的贸易并非随时都能展开，人们必须把货物运送到专门的集市上去卖，而这些集市都是收门票的，门票钱就成了政府的一笔收入。当我在科布多闲逛时，竟然发现现在的科布多集市也要收门票。城市的集市设在一片房子围起来的广场里，里面遍布矮小的房屋和棚区，有人站在集市的门口，收取500图的门票。也就是说，如果有人要进集市买东西，必须先交500图给市场管理者。当然卖方也要交摊位费，这是市场的另一种收入了。不过，我为进去花了500图，却觉得有些不值，在里面转了半天只买了两盒鱼罐头出来。

科布多的集市继承了古代的遗风。而在明代，各个边境城镇出于税收和繁荣经济的目的是乐于设立集市的，但明廷认为，如果贸易过于繁荣，卫拉特人从中原会得到更多的物资，变得更加强大，威胁明朝的安全。他们下命令限制与卫拉特人做生意，除了武器、金属等战略物资之外，甚至茶叶等生活物资也不准买卖。

正因此，明朝的边关永远只是不发达的边关，以军事目的为主，军人们生活艰苦，谁也不愿意长久待下去。当边关无法成长为自我繁荣的贸易城镇时，一旦边关吃了败仗，人口立即锐减，城市立即荒废。边关无法自我供血，也成了明朝财政的巨大包袱，削弱了北方的经济和政府的财政能力。

但明朝的禁止并不会消除卫拉特人的贸易，相反只会逼迫他们转向西方和南方，从西方获得金属和武器，从南方的藏区直接获得茶叶，将贸易链条绕开了明朝控制的区域。

绕开明朝的做法，又让明廷感到不安。明廷不得不在禁止贸易的同时，开辟新的口子，采取怀柔政策，这就是所谓的进贡制度。

明廷无视卫拉特的强大，执意在中央帝国的架构下给卫拉特人安排一个外藩的角色，而外藩就要进贡。在古代，进贡是一种惩罚性和威慑性手段，比如，北宋交给辽国的大量贡赋影响了北宋的财政状况，导致了中央政府的疲弱。这样，谁也不愿意向别人纳贡。

可是到了明代，事情却出现了戏剧性的转变：卫拉特人不仅愿意纳贡，还愿意纳越来越多的贡。

明朝为了维持中央帝国的尊严，吸引外藩朝贡，也为了给卫拉特人留下贸易的口子，所以，每次对方纳贡时，朝廷给他们的赏赐总是要超过纳贡的价值。卫拉特人纳贡越多，获得的回报越丰厚。当他们发现这一点，王公便开始争先恐后地纳贡，他们带来毛皮、驼马，拿走金银绸缎等奢侈品。另外，还可以乘机用明廷规定的配额在边境大肆贸易，换回必需品。

卫拉特的朝贡队伍越来越庞大，最初一次的朝贡只有几十人，后来则达到几百人，最后，则有数千人之多。蒙古人还从朝贡次数上做文章，以前一年一次，后来则一年两次、多次。每次来人，一路上各个地方衙门就要出人出力提供马匹车辆、楼堂馆所，地方政府也叫苦不迭。朝廷在赏赐上的花费也越来越高，即便富有天下的皇帝也受不了了，只得变相地允许蒙古人在边境处从事一部分贸易活动，不用把所有的贡品都带往北京。即便这样，还是有大量的人拥入，随着卫拉特的强大，局面越来越失控。

公元 1448 年，当也先又派了一个号称 "3500 人的大型朝贡团" 前来的时候，明英宗终于忍无可忍了。他一面叫人严格核对人数，发现贡团实际上只有 2000 人，一面叫人按照实际人数及蒙古人希望价格的 1/5 付账。

明英宗的做法激怒了也先，第二年，他派出了庞大的骑兵开始进攻明廷。明英宗在宦官的怂恿下决定亲征，他的人马仓促到达太原，听说后路有可能被劫，又连忙挥师返回。他的运气不够好，在居庸关之外一个叫作土木堡的小地方被蒙古人围住做了俘虏。

在我准备前往蒙古国，在北京附近练车的时候，首先想到去土木堡看一看。出乎我的意料，土木堡距离北京城只有不到 100 公里的路程，开车只需要两个小时，骑自行车也只需要一天时间。

如今的土木堡，所有的防御设施都已经荡然无存，看上去只是北方农村一个最普通的小村子。我打听了一下，村里人才指给我在电信发射塔下的一个小院子，那个小院现在是卫生所。小院对面是一个小广场，广场对面的主席台上画着五角星，写着"毛泽东思想胜利万岁""指导我们思想的理论基础是马克思列宁主义""领导我们事业的核心力量是中国共产党"。我仿佛从 2013 年穿越回 40 年前。

小院的角上有一座小庙，庙门紧锁，水泥的门楣上写着：显忠祠。

整个建筑小到让人无法把它和当年的风云变幻联系起来。也许，现在的人们还是无法走出当年的阴霾。我们更乐于看到当年的辉煌，却无法正视失败，哪怕失败发生在几百年前。

下午，我决定开始寻找去往边境城市布鲁根（Bulgan）的汽车。布鲁根距离边境还有 40 公里，过境后就是新疆的塔克什肯口岸。这座城市距离科布多有 200 公里，在最初计划路线时，我决定最后一段坐汽车走，体验一下蒙古国境内的汽车。

但当天已经没有了去往布鲁根的汽车，我必须在塔克什肯待一天。事后我才知道，这一天的耽搁会放大成三天，因为当天已经是星期四，如果晚一天，我就只能在星期五从科布多出发，星期六早上才能到达布鲁根。而边境口岸只有工作日开放，周末是闭关的。这样我就必须在布鲁根多停留两天等待周一出关。

但由于没车，我没有别的选择，只能骑着车向着布彦特（Buyant）河边行去。

公路左侧的河边大约有上百顶帐篷，在河边显得非常壮观。路的右侧，当地人在河滩的草坪上洗衣服、玩耍。这里河水分成了两股，将一座巨大的孤岛环绕在两股水的中央。我在孤岛上扎了营。

在我的旁边，一家当地人（大约十几口）正在野炊。这里的蒙古人喜欢一家人开着车到河边或者湖边扎营，撑开帐篷搭上锅悠闲地度过一天。我在旁边望着玩耍的孩子，心想也许八百年前的蒙古人也这样玩耍。他们显得无拘无束又乐天知命，将一切交给腾格里决定。我自己拿出啤酒和罐头慢慢地吃着，夕阳将远方的红羊山映衬得如同着了火，归家的牛儿不时从我的身边走过。

出乎意料，当我的邻居们做好了饭，一位青年突然用塑料袋托着两大块羊肉和一块面包朝我走来，他带着微笑将礼物放在我的手中。出乎他意料的是，过了一会儿我也拿着两个罐头和半包巧克力向他们走去，一位老太太看见我的举动呵呵地笑了起来，接着所有的人都笑了起来。孩子们在我的相机前摆着各种姿势，争抢着巧克力。

直到天快全黑的时候，蒙古人才心满意足地收起帐篷，驱车离开，剩下我一个人在黑暗里钻进帐篷，回味着与他们的交往。

土木堡事变后，就在我们以为也先俘获中国皇帝，又要建立另一个类似于元帝国的国家时，历史却仿佛和卫拉特人开了个玩笑。他非但没有建立帝国，反而连原来的疆土也失去了。

也先虽然俘虏了明英宗，但并没有如他所愿引起明朝的崩溃。明政府在于谦等大臣的坚持下，迅速决定了新皇帝人选，并开始准备北京保卫战。蒙古人虽然获得了大量的战利品，但无法征服一个帝国。到最后，蒙明议和，明英宗被送回。

即便在蒙古，也先的日子也不好过。他的傀儡大汗——黄金家族的汗王脱脱不花——不再甘心受人摆布，开始反抗也先。也先只能杀死他，自己当上了可汗。他打破了蒙古人的规矩，遭到了部下的反对，被部下杀死。

也先死后的卫拉特保持了一段时间的威慑力，但没有人能够统一蒙古。黄金家族的人再次被拥立为汗王，却并不掌握实权。直到属于黄金家族的达延汗即位后，形势才有了改观。

达延汗自己占据了漠南的内蒙古，将卫拉特人赶出了外蒙古的东部和中部。从此，漠南属于东蒙古的达延汗后人，而漠北属于一直居住在蒙古本土的喀尔喀蒙古人。喀尔喀人逐渐形成了土谢图汗部、赛音诺颜部、车臣汗部、札萨克图汗部这四部。

卫拉特人再次被赶回了蒙古的西部边陲、新疆北部、俄罗斯萨彦岭一带，成了边境上的蛮荒之人。

达延汗的孙子俺答汗就是重新引入藏传佛教的蒙古汗王，正是他授予了三世达赖"达赖喇嘛"的称号。只不过，这时的黄金家族已经无力再向外扩张了。在他们的东面是更加落后的女真部落，南面则是汉人的天下，西面的卫拉特人虽然处于边缘地带，却截断了他们通往中亚的道路。

如果不是卫拉特的第二次崛起，蒙古人或许早已经成为一个偏居于北方草原、信奉佛教的边缘化群体，退出历史的核心舞台了。

8月2日，一头牛从我的帐篷边经过，它的蹄子绊在了拉帐篷的绳子上，剧烈的摇晃让我醒了过来。

从帐篷里出来，太阳已经升得很高。由于骑行已经结束，这是我睡得最香的一天。我骑车来到了城边的停车场，打听到了去往布鲁根的小面包车。

不过，车要下午五点才开，这意味着我还要在这里等一天。我把自行车车轮卸下，把车子塞入汽车的后备厢，躺在车上昏昏睡去，醒来时是中午十二点，再次醒来已经是下午三点。

有人把我摇醒，指着不远处的一个人说："中国人。"

只见一个中国人模样的年轻人也在打听汽车，我向他招手时他没有看见。那人过了一会儿就离开了。接着上来一个姑娘，手里提着几个苹果，她坐在我的旁边大大咧咧地递给我一个。其余乘客也陆陆续续到了，五点时，上路的时间到了。但司机似乎并不打算走，他懒洋洋地把我的自行车拿下来，把车厢里能塞的地方全都塞满了货物，又开始在车顶架上堆放木头。最后才把我的自行车捆在了顶架上。

晚上八点，汽车还没有走。又过了半个小时，司机发动了汽车，我松了一口气。

司机开车在城市里转了一圈，在一个宾馆前接了一位客人，正是下午看到的那个像中国人的家伙。他上车后，坐我旁边的姑娘立即让开，坐到后面去了，姑娘认为应该让两个中国人在一起聊天。

但那人并非中国人，他是日本人。日本人的英文不错，我们聊了起来。他在德国的大学里工作，参加了蒙古国最大的跨国研究项目，正在赶往设在布鲁根的野外基地。

"你知道我们什么时候到布鲁根吗？"我问道。

他告诉我，汽车要开十几个小时，大约第二天上午可以到。路程一共只有200公里，却需要跑一整夜。

就在我们认为汽车要出城时，司机突然把车又开回了车场，这次是为了装载另一批货物。装完货，又去城外几千米的地方拉了个人，这才慢慢悠悠上路。

出城不远，我们就可以看见远处的大湖哈喇乌苏（Khar Us），不过这时淡淡的蓝色已经开始笼罩四周，并逐渐变深，很快我们就陷入一片黑暗里。

汽车果然开了整整一夜。第二天，8月3日，天亮后，车上的一位漂亮的小姑娘摆弄着我的手机，挨个儿给车里的人拍照。日本人已经跑到车后座去睡觉了，小姑娘不停地拍着他睡着的模样。

上午，我们的车到达了布鲁根，汽车停下时，日本人告诉我这里已经是布鲁根的市中心。他拿了包，朝我摆了摆手，消失在几栋房子后。他是有住处的人，和科研基地的其他人住在一起。

在历史上，蒙古有一座著名的小镇叫横相乙儿，它之所以出名，是因为恰好在从蒙古去往新疆和中亚的道路上。从横相乙儿沿着乌伦古河（Ulungur）西行，穿过一连串低矮的山口，就进入了新疆北部。

横相乙儿还是蒙古第三任大汗贵由死去的地方。贵由上台时，和自己的堂哥、术赤系的拔都势同水火，一度亲征去惩罚拔都，谁知刚刚走到横相乙儿，就去世了。

关于横相乙儿的所在，已经没有人知道了。不过，法国的历史学家伯希和却考证，横相乙儿在位于新疆古城别失八里的西北方向，应该就在乌伦古河的拐弯处。乌伦古河从北向南流，在中蒙边界附近突然拐弯流向西方，进入了中国境内。它拐弯的位置就在布鲁根附近。也许，布鲁根的土层之下，就有那座叫作横相乙儿的废墟。

下车后我本想赶往边界的口岸去，却打听到周六口岸不开关，也就是说，我必须在布鲁根待两天，等到周一才能出关回国。

我骑车在小镇上转了两圈。小镇长宽都只有几百米，骑自行车转一圈只用十分钟。我买了几个罐头和一个面包带在身边，准备去布鲁根旁边的河边扎营。就在这时，一位漂亮的蒙古老太太朝我挥着手，让我过去。

我不会蒙古语，她也不会英语。不过从她的比画来看，她是想告诉我，她要带我去一个地方，那儿有许多人会讲英语。

蒙古语中的许多词就是借用的外来音，她告诉我，那儿有德国人、法国人、日本人，这几个词与英语发音无异。我立即想到，她一定是带我去见那位日本人，以及他的科研基地。

老妇人带我转过了一片房屋，过了一条马路，进了一处曾经雄伟现在却年久失修的大院。院子里有一座两层的苏式楼房，这在整个镇上绝对少见。楼房上悬挂着蒙古国海关的标志，说明这里曾经是海关大楼。

不过现在海关已经搬离了这里，楼房的一半由老太太的一家住，另一半则租了出去。老太太让我把自行车放在了大厅里，跟着她进了左边的一间大会议室。会议室的中间拼着几张大桌子，外间则是厨房。我进去时，几个西方人和两个蒙古人正在商讨着什么。他们吃惊地望着我。我用英语磕磕巴巴解释着为什么到这儿来。

"欢迎！"一位西方人说。后来我知道他是此地的负责人，叫斯文，来自德国。除了他，还有一个女孩子来自德国，两个女孩来自法国。加上一对蒙古青年男女。

蒙古男青年似乎并不欢迎我的到来，甚至对老太太把我带来感到不满。

我问他们，是否可以在这里借住，如果没有房间，可以在院子里搭帐篷。

"我们也只是在这儿租的房子，"蒙古青年略带生硬地说，"我们没有权力让你住在这儿。"

我告诉他们，我带了帐篷，也许可以到河边找个地方去住，他们可以告诉我怎么去河边。蒙古青年的态度似乎好了一点儿，给我指点着河边怎么走。不过他还表示,"如果你白天没有地方去,可以待在这儿。"

那一天,我就跟他们待在一起。到了吃饭时间,蒙古青年的态度已经彻底缓和了,我告诉他们我之所以骑行,是要写一本关于蒙古国的书,我希望我的读者能够了解蒙古人的历史,而不是元朝这一个朝代。我希望所有的人都知道不偏不倚的历史,不受偏见和意识形态的影响,还原那些活生生的人。他听了有些动容。过了一会儿,他出去和老太太说着话。老太太是他们的房东,也为他们买菜、做饭,这会儿她刚在厨房里忙完。

等他从厨房回来时,告诉我:"房东太太说,你不用去河边住了。晚上她可以找地方安排你。而白天,你可以和我们在一起,吃饭来这儿!"

看来我得到了他们的信任。

事后,我才知道这是一个中、蒙、德三方的研究项目,由联合国资助,研究边境一带畜牧业和生态的相互关系。我在蒙古国的最后两天就和这个团队待在一起。

中午吃饭时,我又见到了那位同来的日本人,人们称他 Takuya。Takuya 是团队最不可或缺的人,他会蒙古语、英语、德语和日语,德国人和法国人都不会蒙古语,除了日本人,就只有那位蒙古青年会英语了,但蒙古青年当天就要离开。人们就只能指望日本人来担当交流的使命了。

Takuya 告诉我,其实他最擅长的是哈萨克语,蒙古语只是学哈萨克语的同时触类旁通一下。他没有想到我竟然找到了他的住处,和他们混在了一起。我们成了好朋友。

我到达时,这个项目团队的所有人都刚到不久,他们正处于集合阶段,从世界各地飞过来到这个世上最偏远的角落集合。Takuya 是从日本坐飞机飞到乌兰巴托,再从乌兰巴托飞到乌列盖,从乌列盖坐汽车到科布多,再从科布多赶往布鲁根。当天下午,还有两位德国青年坐汽车从乌兰巴托直达布鲁根。

这两位德国青年到达时都已经瘫成了烂泥。一个面相友善的德国人不停地表演着他们途中受到的"折腾"。他们身材高大,却不得不和当地人挤一辆小中巴。刚上车的时候,他们一看人这么少,还暗自窃喜。谁知车说什么都不走,而各种各样的蒙古人却不断赶来,车子里塞得如同罐头。一个喝醉了家伙满嘴酒气坐在了德国青年的旁边，不停地把头靠到他的肩膀上。

不过，这个酒鬼的身体不错，汽车上路没多久他就醒了，并和德国青年成了好朋友。他唯一的缺点就是不管在哪儿停了车，都立即下车买几瓶伏特加，重新上路后他就又醉了。"他还让我陪他喝酒，我们不好意思都让他请客，到了下一个停车点，我们就只好下去买酒给他喝。"

更难受的是，德国人的腿太长了，而两排车座之间的距离太短，德国人只能弯着腿坐在里面，车一颠簸，腿和屁股就受不了。

他们颠簸了两天终于到达，见过大家就上床休息去了。不一会儿，楼上传来了剧烈的鼾声。

这一群人集合完毕后，就会四散开来，跑到最偏远的山谷里去观察牲口，借住在牧民家的帐篷里早出晚归。不过他们看上去都很开心，因为他们在干自己喜欢的活儿。

Takuya将和我同一天离开，我是为了出境，而他是去往某个山谷。他正收拾着东西。在他的行李里面有许多有趣的玩意儿，比如拴在牲口脖子上的GPS仪器，这是为了记录牲口行动的轨迹。不过，这些仪器长年戴在牲口的脖子上，气味可不好，Takuya拿起一个闻了闻，皱着眉头撇着嘴唉声叹气，看来是太臭了。可过了一会儿，他又忍不住再闻一下，继续皱眉头撇嘴哀叹。人类有时候闻臭袜子时容易犯这个毛病，一次又一次，Takuya显然陷入了这个习惯中不能自拔。

当天下午，老太太带我去见一个会说汉语的老人。这位老人是中国公民，蒙古族，现在布鲁根安家。老人听说我准备写一本书，立即来了兴趣，他问我是不是需要题材，并拉我到他的住处详谈。我买了两罐啤酒到了他家。

到了住处，我才知道他不仅是蒙古族，还是卫拉特蒙古人，自称准噶尔人的后代。

"如果你能把准噶尔人的历史写出来，就是好作品，如果写不出，就不值得看。"他这样对我说，眼睛里已经闪出了泪花，"噶尔丹的帝国是蒙古人最后一次闪耀啦，也是蒙古人最后的光荣。"

当达延汗在东部称雄，喀尔喀四部占领蒙古本部之时，卫拉特人在西部也逐渐形成了四个部族，分别是绰罗斯（准噶尔）、和硕特、杜尔伯特和土尔扈特。另有辉特等小部附属于几个大部。它们分布在青海、新疆、蒙古西部、中亚等地域。

1628年，土尔扈特部的首领和鄂尔勒克更是率领整个部族迁往了伏尔加河和乌拉尔河一带，将领地扩大到了欧洲。

和卫拉特人向西扩张同一时代，东方的东蒙古却遭受了意想不到的危机：女真族的后金再次强大了。

1632年，后金打败了达延汗的后代林丹汗。四年后，整个内蒙古的十六大部全都依附了后金，被迫承认皇太极为他们的可汗，当年，皇太极改国号为清，中国的最后一个皇朝肇始，并直接威胁外蒙古的喀尔喀四部。

在清朝崛起的时候，蒙古人的希望似乎又转回了西部的卫拉特人之中，他们正在西方的广大区域内享受着最后的荣耀，并可能建立起强大的帝国。不过，卫拉特人最初也承认了清朝的权威，在表面上尊奉清廷为宗主国，但实际上却拥有完全独立的行政和军事权力。清政府虽然名为宗主，却由于在当地没有驻军，卫拉特人的任何军事行动都只能让北京的帝王望洋兴叹。

在噶尔丹的准噶尔人之前，卫拉特蒙古各部中最辉煌的是和硕特部。在卫拉特四部中，和硕特部的位置最靠南，他们占领了青海的广大草原，距离西藏已经一步之遥。

1634年，和硕特部首领固始汗收到了一份特殊的邀请：一位喇嘛请他入藏帮助自己。这位喇嘛就是著名的第五世达赖喇嘛罗桑嘉措。当时的藏域仍然在噶举派的笼罩之下，噶举派的藏巴汗建立了一个政教合一的政权，对西藏的中心区域进行统治，在中心之外，是无数零散的小土司，无法将他们捏成团。

五世达赖请求固始汗率兵入藏，帮助他统一西藏。固始汗接受了这个邀请。

这次进藏使得蒙古人再次成为西藏的统治者，也让达赖成为西藏政教合一的领袖。在固始汗的支持下，达赖喇嘛建立了著名的甘丹颇章政权，在这个政权中，名义上的最高统治者是达赖，而行政权则委托给一个叫作噶厦的部门，噶厦的首长是四个噶伦，相当于现代政府的部长，四个噶伦中有一个首席噶伦，相当于现代政府的首相。

固始汗的蒙古人则扮演了军队司令的角色，拥有着足够的特权。这次联合使得藏传佛教传遍了卫拉特各部，不仅仅是和硕特部，包括准噶尔人也皈依了藏传佛教。和硕特蒙古人的声誉也达到了顶点。

但就在这时，准噶尔部也在积聚力量，等待着推翻和硕特部的霸权了。

第一个崛起的准噶尔人首领叫哈喇忽剌，他抵抗住了来自蒙古本部的喀尔喀人的进攻，守卫了北疆地区的领地。哈喇忽剌的儿子巴图尔珲台吉则开始把准噶尔人带向了称霸的道路。正是在准噶尔人的压力之下，土尔扈特部才不远万里迁往伏尔加河，将原有的领地拱手让给了准噶尔人。

巴图尔珲台吉将领地扩大到了巴尔喀什湖一带，与哈萨克人发生了战争，甚至不惜与俄罗斯人进行战争，捍卫蒙古人的利益。在他和儿子僧格的统治下，准噶尔人的影响力已经逐渐超过了和硕特部，一个帝国的雏形已经具备了。

当我和卫拉特的老人喝啤酒时，回想起巴图尔珲台吉建立的基础，老人仍然扼腕叹息。他告诉我："准噶尔人倒在了建立帝国的道路上，他们的战略出了问题！"

在他看来，一切源于准噶尔人最大的英雄，也是科布多城市广场上站立的那个人——噶尔丹。噶尔丹本有可能建立一个帝国，却不幸成为一个悲剧英雄，蒙古人最后一个帝国的基础丧失殆尽。

我并不赞同老人的看法，也许蒙古人的命运从欧洲人利用起火药时就已经注定，只是到了噶尔丹才通过悲剧的方式显现出来。

准噶尔人想建立庞大的帝国，却不幸为他人作嫁衣裳，清政府能够直接控制外蒙古、新疆和西藏，而不只是拥有名义上的宗主权都得益于卫拉特准噶尔人。而准噶尔人本身却遭遇了灭族的待遇，最终只剩下了一个名号而已。

1670年，噶尔丹的哥哥，准噶尔人的首领僧格被同父异母兄弟车臣台吉和卓特巴巴图尔杀害，此时，僧格的另一个弟弟噶尔丹还是拉萨的一名僧侣。

作为第六子的他并非为政治而生，在父亲的安排下，他前往拉萨落发为僧，并深受五世达赖和四世班禅的器重，甚至被认定为第三世温萨活佛。

但哥哥被害之后，噶尔丹迅速决定回归政治。他开始号召各位卫拉特的首领惩罚篡位者，并迅速击溃了两位兄弟，登上了准噶尔汗的宝座。

噶尔丹雄才大略，登上汗位后不满于小小的北疆地区，也正是在这时，他制定了一个在后世备受争议的战略：远交近攻。

按照传统的看法，远交近攻是君主们称霸过程中最好的方法。比如秦朝就靠这个战略一一灭掉了六国，而成吉思汗统一蒙古的过程中，也是先归并近处的塔塔儿、札木合，再打远处的王罕和乃蛮。如果一开始没有把塔塔儿处理掉，和王罕决战时，成吉思汗被王罕赶往东部时将恰好被塔塔儿拦截并消灭。

噶尔丹也正是考虑这一点，决定从近处着手。他首先兼并的是卫拉特各部，其次将矛头直指南疆的回部。此刻的南疆已经被信奉了伊斯兰教的维吾尔（畏兀儿）人占据，噶尔丹支持维吾尔人首领阿帕克和卓，驱赶了察合台的汗王，将南疆归并入准噶尔帝国。

接着，他向西进攻哈萨克、吉尔吉斯和费尔干纳，将势力西扩，最远进军到黑海沿岸但并没有占据。撒马尔罕、布哈拉、玉龙杰赤等中亚地区也进入了他的影响范围。这时的噶尔丹帝国已经初具规模了。

但这时，噶尔丹又必须做出一个决定：随着他的帝国体量增大，横亘在他面前的只有两大势力了，一个是沙俄，另一个是清帝国。

如果噶尔丹继续向西挺进，征服中亚，势必与沙俄的利益冲突，并爆发与沙俄的战争。如果进军蒙古的喀尔喀四部，又必然与清政府冲突，因为喀尔喀各部名义上臣属于清政府，清政府决不允许其他势力染指外蒙古。

噶尔丹决定先向东发展。沙俄正和清廷在黑龙江以北发生冲突，也愿意和噶尔丹保持友好。而清廷和噶尔丹之间的摩擦却持续不断。一方面，清廷不愿看到噶尔丹强大，有所忌惮，另一方面，噶尔丹的贡使队伍越来越大，又让清廷吃不消了，边境摩擦不断。

噶尔丹试图乘机摆脱对清廷名义上的依附关系，形成真正的独立。

但噶尔丹和清廷的战争并非直接爆发，他首先进攻了外蒙古的喀尔喀蒙古。他挥兵击溃车臣汗和札萨克图汗，并驱赶了土谢图汗，占据了整个外蒙古。

噶尔丹不知道，自己的做法无意中帮了清政府一个大忙，在他入侵之前，外蒙古的喀尔喀四部虽然臣服于清廷，但在行政和军事上则保持着独立性。而外蒙古的王公们也不愿意更深地依赖清廷，他们的排斥让清军难以在外蒙古驻扎军队。

噶尔丹的进攻让土谢图汗等喀尔喀首领不得不依靠清廷的帮助，拱手将更大的控制权让给了清廷。只有这样，清廷才能在后来建立乌里雅苏台将军府，以及库伦和科布多两个大臣衙门。

占据了外蒙古之后，噶尔丹开始向内蒙古进军。他不仅要控制蒙古，还要直接对清廷动手了。但他不知道，此刻，清廷已经与沙俄签订了《尼布楚条约》，沙俄签字后，就开始抛弃盟友噶尔丹，保持中立了。如果说噶尔丹在之前的战争中能够得到俄国人的帮助，现在就只能靠自己了。

这就是那位老人对我感叹的战略失误。

1690 年，噶尔丹和清军在内蒙古的乌兰布通决战。这也是清军红衣大炮对游牧民族的马队和驼队的决战。战争的结果，准噶尔人大败，噶尔丹只率领少数人仓皇逃走。

更残酷的是，噶尔丹离开新疆的时候，他的侄子策妄阿勒布坦已经发动了政变，推翻了叔叔的统治，占据了北疆，噶尔丹只剩下蒙古西部的科布多能够停留了。这个试图建立帝国的英雄在一场战争中几乎输掉了一切，但这还不是结局。

他的侄子和清廷还在压缩着他的生存空间，而他本人却还想一战。

1696 年，噶尔丹再次发兵进入喀尔喀，这里是蒙古人的故乡，也是试图建立帝国者的精神家园。清朝的康熙帝发兵十万，分三路进入蒙古迎击。在乌兰巴托之南的昭莫多（今天的宗莫德）与噶尔丹决战。

这次，游牧人的部队再次被清军的炮火击败。两次战败的噶尔丹再也没有翻身的机会了。他试图逃往西藏，却受到了清军及其侄子的封锁与追击，第二年，他暴病在逃亡的途中。一代名将在落魄中目睹了游牧民族永远的失势。

老人讲完噶尔丹的往事，已经陷入了沉思。我提着他赠送的三个大白馒头回到了海关大院，在路过一家商店时，又买了一个大西瓜。

老妇人在厨房里做饭，我把西瓜一切两半，一半分给 Takuya 和他的伙伴们，另一半留给老妇人，让她带给她的家人和孩子们。

斯文买了一个中国产的热水器，那儿的家电产品大都来自中国，他让我告诉他热水器上的汉字是什么意思。

当夜，老妇人带我到了一间空房，给我打了个地铺，房间很大很安静，我睡了个好觉，这是在蒙古国我第一次睡在室内且没有扎帐篷。海关大楼的空间的确不小，其中在一楼还有一个巨大的房间被用来当室内篮球场，老妇人的儿子和孙子们就在里面打篮球。

8月4日，星期日，我在蒙古国的倒数第二天。

斯文和他的人马仍然在准备着上山。我帮助他们打杂，比如帮助女士打水，生活用水来自院子里的一口水井。斯文和另一个女孩子出去时突然带回了一大把野花，他们每天出去都会带一把回来，这彰显出德国人的浪漫。德国人和英国人是两个最擅长田野调查的群体，英国的达尔文利用田野调查提出了著名的进化论，而德国的亚历山大·冯·洪堡则是我最喜欢的博物学家之一。

当天，我去看了当地的一座雕像，据昨天的老人介绍，这座雕像纪念的是一位当地英雄，马仲英祸害新疆的时候，曾经镇压过当地的反抗势力，他抓住了一个反抗军，试图让他吐出同伙的下落，此人至死没有透露任何消息。这座雕像就是为了纪念他而建的，在他的身上还有绳索的痕迹。

雕塑的外面就是警察局，几位警察拦住了我，要检查我的证件和照片，提醒我这里已经是边境。

回到住处，我决定给老妇人照几张照片洗出来，作为报答。老妇人显得很高兴，这里的人们并不贫穷，但由于物资匮乏，照相的机会不多。在她做饭时，我照了几张生活照，又把她和儿子带到了楼门口，她特意让我把海关的标识拍下来。镇上仅有一家图片社，老妇人带着我前去，把照片洗出来，看得出她很高兴。

8月5日，清晨，到了告别蒙古国的时候了。

我和斯文告了别，他的名字总让我想起著名的西域探险家斯文赫定，日本人Takuya也和我相互留了地址，他用汉字认认真真地写下自己的名字：相马拓也，以及英文 Takuya Soma。

老妇人替我招来了一辆小汽车，并告诉我，路上只需要 5000 图，几个西方人听了纷纷张大了嘴巴，在他们看来，这是最便宜的价格。不过，司机还要再拉两个人才一起上路。我把身上剩余的 1500 图交给了老妇人，她一直推脱，直到我让 Takuya 替我翻译，表示进入中国蒙古国货币再也没有用了，她才接受。

从镇上到边境口岸大约有 40 公里，铺设了柏油路，在路上司机爆了一次胎，他飞身下车，用了不到两分钟就把一个新胎换上继续前进。不到一个小时，我们已经到了口岸边。我这才打心里意识到，我要告别这个国家了。我在这个国家待了 20 多天，骑了 2000 多公里，坐汽车 200 公里。在这 20 多天里，没有为住宿花一分钱，除了最后两天借宿之外，一直搭帐篷露宿。

司机让我下车跟着他走。原来，老太太不仅给我找了车，还特意嘱咐司机一定要把我带到口岸上，过了岗哨才算完成任务。

在蒙古国出境处的大门，几个士兵把司机放行了，却挡住了我的去路。他们大概是分批放行，我只能等待。司机转身回来，把我的自行车推走，示意我跟上，但我又被士兵拦下了。士兵对于我这个不听话的人显得很恼怒。

但司机再次折回来，一手推车，一手拉住我向里走去。这次士兵不客气地把我推开。司机转身和士兵吵了起来。

如果是我一个人行动，我完全可以等待士兵过一会儿统一放行，但司机却不停催促我直接进去。我知道司机是好意，不忍拒绝他，却又激怒了士兵。

在两人争吵时，我突然灵机一动，双手合十，按照佛教的礼仪对着士兵轻轻一躬，说了句"Thank you！"。士兵一愣，没有再继续争吵，他看了我一眼，默认了我的通过。

在蒙古国的日子已经让我变得平和，也更加知道如何与他们打交道。

出境除了在护照上盖章，还要先到一个办公室里去领另一张小纸片，我不知道这是什么手续。司机领着我在出境处的大楼里来回穿梭，才终于到了最后一关：盖出境章。

但盖出境章时又出了问题，蒙古国的边检官看了一眼我的护照，摇了摇头。"你出不去啊。"他悠悠地用汉语说。

我不知道出了什么毛病。也许从二连入境的人只能从二连浩特出境，不能从这个口岸出去。这意味着我不得不返回几千公里外的乌兰巴托……

我结结巴巴寻求着解释。边检官低头沉思。我提到了自己骑自行车穿越了蒙古国，好不容易才来到了这里。

"自行车？真的吗？"边检官感兴趣地问道。他大手一挥，啪地盖了章，朝我微笑了起来，"你真厉害，祝你一路顺风！"

到现在，我也不知道哪里出了问题，到底有什么规定让边检官摇头。但庆幸的是，我成功地离开了蒙古国。

从蒙古国海关出来后，我在中国海关接受了检查。在检疫处，一位女士警告我：下次一定要办检疫证。我从二连浩特坐火车出境时没有人告诉我要办，我也不知道要办什么证件，只能点头表示一定，于是她把我放行了。

在行李检查处，一位江苏的武警告诉我，他也喜欢骑车，他对我充满了善意并表示佩服。

过了入境处，有十几个司机在门外等待着拉客。他们看见我从口岸出来，纷纷上来照相和嘘寒问暖。一位小伙子硬塞给我两瓶雪碧，"你需要多喝水，拿着！"他爽快地说，并递给我一张名片，上面写着他的名字：阿力。

一位中科院新疆所的教授让我到乌鲁木齐一定找他，他能提供住处。我再次踏上了志忑的旅途，对我而言，不管在哪里，都只是旅程的一部分。

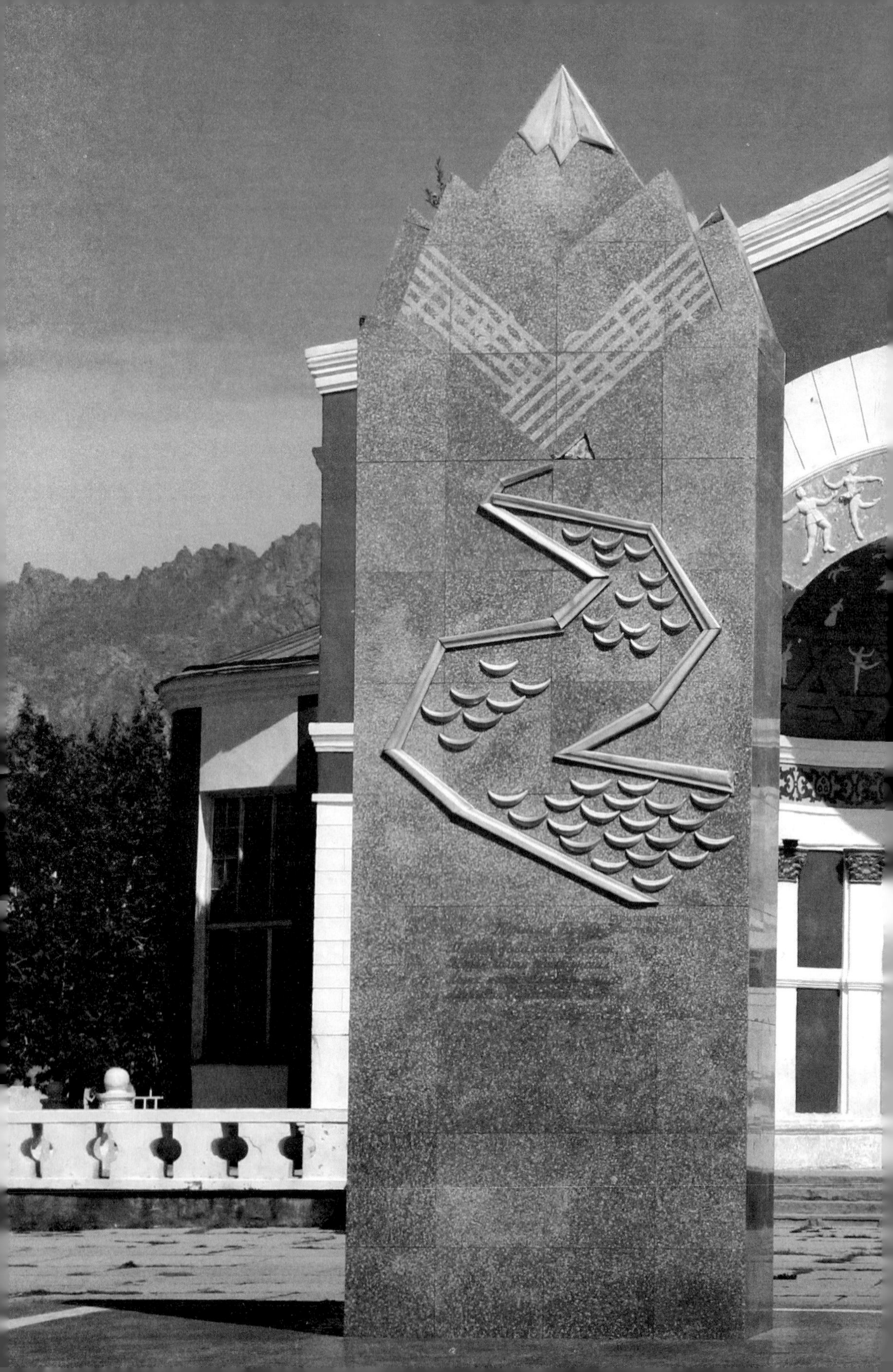

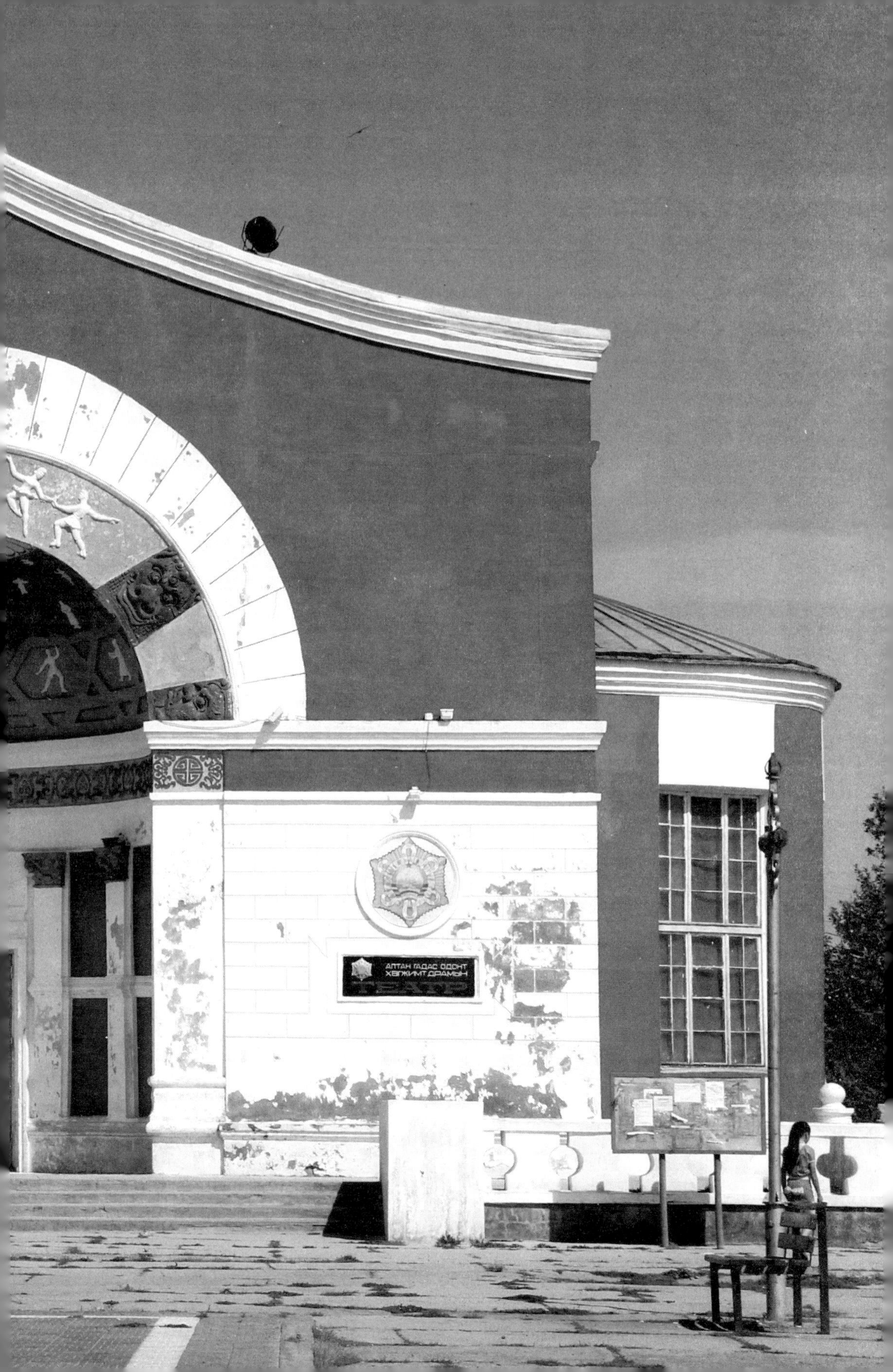

尾 声

回归现代

三道海子——回归汉地

9月6日，新疆青河县查干郭勒乡的三道海子。

这里到蒙古国边境的直线距离只有20公里。不过从塔克什肯口岸到这里的公路却有100多公里。三道海子之所以有名，是这里有世界上最大的石堆大墓。这座墓高15米，直径80米，比我在蒙古国境内见到的大墓规模要大得多。

这里曾经是游牧民族的夏季牧场，我曾在2002年5月1日来到过查干郭勒乡，当地人还习惯于把这个乡称为东风公社，或者东风。那时，虽然时值五月初，山口的雪还没有完全化开，即便骑马也无法到达，我只能遗憾地离开。

如今，从乡上通往三道海子已经修通了柏油路，就算冬天也可以到达这里了。甚至当我在乡上打听时，年轻人都不记得有过冬雪封山这回事儿了。

三道海子还在蒙古人西征的大道附近，蒙古人当年也来到过这里。

几年前，当地人还把眼前的三道海子大墓称为蒙古人坟。刚发现的时候，甚至有人认为它是蒙古第三任大汗贵由的坟墓。贵由死于一个叫横相乙儿的地方，有人认为横相乙儿就在距离这里大约百公里左右的克鲁伦河上游。后来，人们才意识到这个墓葬的历史要早得多，可能是公元前的游牧民族所留。

德国人斯文曾经告诉我，在布鲁根附近的山里也有许多类似的大墓，其中一个大墓就在高山上的谷地里，他在做田野调查时，就住在墓的旁边。那座墓不在任何路边，除了最大的一座，还有无数的小墓环绕，让他产生千年之叹。在俄罗斯境内有更多的墓葬。

在斯基泰人的时代，还没有中国、蒙古、俄罗斯，那位游牧人的王也不知道自己的领地已经跨越了未来的三个国家，但他一定希望自己的墓葬能留存到永久。至少，到了现在它还存在。

三道海子也是我骑行的终点。下山后，一位森林公安友善地帮我拦了辆车，送到了几十公里外的青河县。我从青河县坐汽车去了乌鲁木齐，第二天凌晨四点到达。

我骑车到了火车站，等到了天亮，将自行车、帐篷、防潮垫托运回了上海，还给王友民，将驮包托运回了北京还给孔雀，一切物归原主。前几天还在蒙古高原的高山沙漠中骑行的我突然间失去了自行车，心里显得空荡荡的。

我去了乌鲁木齐的二道桥大巴扎，那儿车水马龙，一片繁华。2002年我来到这里时，许多房子还没有翻修，巴扎还是许多破旧的棚户，而现在的巴扎已经搬进了辉煌的大楼里。热闹依旧，各色的人种聚集在一起，一位维吾尔族的老人在街头弹唱，小贩们卖着烤包子和冰激凌，观光的国人、西方人……或许还有来自蒙古国的人。这里曾经是一个世界交汇之处，至今仍然是多元文化的承载。多么希望这样的宁静和繁荣能够永远持续。

从乌鲁木齐坐火车，我去了嘉峪关，那儿曾经是中国的边关，也是游牧民族和定居民族的界线。蒙古人曾经让这样的关隘失去了作用，在攻和守的历史上，守的一方注定会出现裂缝，被攻的一方击破、消亡。嘉峪关和东面的许多关口共同组成链式防线也无法对付快速移动的游牧军队，只能退入历史遗迹之中。如今那座关隘仍孤独地望着西方广大的原野，南方是祁连山那闪着冰光的雪峰。

我去了张掖，它在古代称为甘州，与嘉峪关不远处的酒泉（肃州）合称甘肃。我还去了武威，在古代称为凉州。甘州、肃州、凉州，这三座城池就是历史上西北方最有名的三座城池，如今满眼看到的却只是平静，人们生活、工作、做生意，历史上的血色消失得一干二净。

我从武威坐火车去了银川。在蒙古人之前，银川是西夏王国的首都，如今，西夏王朝的陵墓仍然在西边的贺兰山麓伫立，当年守城者绝望的哀嚎和蒙古人的杀戮声却早已经消失在历史的迷雾之中。

接下来，我去了太原和北京，并南下广州，开始回忆和写作此次蒙古国之行。于是，我所经历的蒙古国，也和其余人的经历一样，沉淀为微不足道的历史的一部分，退入了永恒的时光中。

图书在版编目（CIP）数据

穿越蒙古国 / 郭建龙著 . -- 北京：当代世界出版社，2024.1

ISBN 978-7-5090-1736-4

Ⅰ.①穿… Ⅱ.①郭… Ⅲ.①蒙古－历史 Ⅳ.①K311

中国国家版本馆 CIP 数据核字 (2023) 第 068137 号

书　　名：	穿越蒙古国
出版发行：	当代世界出版社
地　　址：	北京市东城区地安门东大街 70-9 号
邮　　箱：	ddsjchubanshe@163.com
编务电话：	（010）83907528
发行电话：	（010）83908410
经　　销：	新华书店
印　　刷：	北京新华印刷有限公司
开　　本：	710 毫米 ×1000 毫米 1/16
印　　张：	13
字　　数：	210 千字
版　　次：	2024 年 1 月第 1 版
印　　次：	2024 年 1 月第 1 次
书　　号：	978-7-5090-1736-4
定　　价：	76.00 元

如发现印装质量问题，请与承印厂联系调换。

版权所有，翻印必究；未经许可，不得转载！